KB264101

돈은 우리 삶을 어떻게 바꾸는가

THE PSYCHOLOGY OF BIG MONEY

돈은 우리 삶을 어떻게 바꾸는가

최성락의 돈의 심리 세 번째 이야기

돈을 대하는 태도를 이해하면
인생을 변화시킬 수 있다

"돈의 심리는 단순히 돈과 투자를 넘어서
인생 전체, 나아가 사회 전체의 심리와 연결된다."

d
일요일의꿈

THE PSYCHOLOGY of BIG MONEY

삶을 이야기하는 한, 돈 이야기는 계속된다

2023년 7월, 〈돈의 심리〉라는 제목으로 칼럼을 쓰기로 했다. 〈주간 동아〉에서 칼럼 제의가 있었고, 돈과 투자와 관련된 이야기를 쓰기로 정했었다. 나는 투자로 돈을 벌어 교수직을 그만두고 소위 파이어족 생활을 하는 상태였고, 어쨌든 그동안 투자를 몇십 년 계속해 온 상태이기 때문에 투자에 대해서 이런저런 이야기를 할 수 있다고 생각했다. 또 아주 많은 돈은 아니지만, 사회에서 일반적으로 말하는 '부자'라고 할 수 있을 정도의 돈은 있었기에 돈과 관련된 이야기도 어느 정도는 할 수 있다고 보았다. 하지만 이와 관련된 이야기를 얼마나 쓸 수 있을지, 이 내용으로 칼럼을 언제까지 쓸 수 있을지는 감을 잡을 수 없었다. 1주일에 한 번 쓰면, 1년이면 50편이다. 그 정도 분량은 나올 수 있지 않을까. 길면 2년까지 쓸 수도 있겠지. 그러면 100편까지도 쓸 수 있겠다. 한 가지 주제로 100편을 쓰는 건 간단한 일이 아니다. 그러면 책 3권의 분량인데, 그 정도까지 돈과 투자에 대해 할 이야기가 있을까 싶었다. 책 한 권의 분량만 나와도 다행이라 생각했다. 하여튼 돈의 심리와 관련된 칼럼을 계속 써서 나중에 책으로 나올 수 있을 정도까지 되었으면 좋겠다고 생각했다. 그게 〈돈의 심리〉 칼럼을 처음 쓰기 시작할 때의 마음가짐이었다.

그렇게 시작한 칼럼이 어느새 2년 반이 되었다. 그리고 분량은 책 3권을 이미 넘어섰다. 하지만 아직 쓸 내용은 많이 있다. 쓰려고 했는데 아직 쓰지 못한 주제들이 한참 남아 있다. 그 사이 나의 아이디어가 많아진 건 아니다. 나이 들어서 새로운 아이디어가 생길 일이 뭐가 있나. 나이 50 중반이 넘으면, 있는 아이디어가 사라지고 잊히지 않으면 다행이지, 없던 아이디어가 새로 생길 리는 만무하다. 칼럼에서 사례로 소개하는 돈과 관련된 연구 논문들이 대폭 증가한 것도 아니다. 논문들이 많이 새로 출간되기는 하지만, 대부분은 별 가치 없는 시시한 내용들이다. 좋은 연구 논문, 기존 상식에 도전하는 논문은 어쩌다 한 번 나온다. 학계에서 인정받는 논문은 더욱 적다. 1주일에 하나씩 쓰는 칼럼을 채우는데 사용될 수 있는 논문이 계속 발간되지는 않는다.

그럼 아이디어가 많아진 것도 아니고 참고로 할 수 있는 논문 등이 많아진 것도 아닌데 어떻게 〈돈의 심리〉 칼럼은 계속 이어질 수 있을까? 내가 〈돈의 심리〉 칼럼을 쓰게 되면서 알게 된 사실이 있다. 돈은 단순히 돈, 부자, 투자와만 관련된 것이 아니었다. 우리 인생 전반, 사람들의 삶, 더 나아가 사회 전체 문제들이 모두 돈과 관련된 것이었다. '돈의 심리'는 그냥 단지 돈과 관련된 심리만이 아니었다. 사람들의 인생관, 사회의 가치관 전체와 밀접한 연관성이 있는 주제였다. 사람들의 삶 자체가 돈과 떨어질 수 없었다. 돈의 심리는 단순히 돈의 심리를 넘어서, 인생 전체, 사회 전체의 심리와 연결되는 거였다.

사랑이라는 주제는 돈과 별 관련이 없어 보였다. 그런데 아니었다. 돈이 사랑에 영향을 미친다. 돈 때문에 사랑하거나 사랑하지 않거나 하지는 않더라도, 최소한 돈으로 인해 사랑을 표현하는 방식과 사랑을 유지하는 방식은 달라진다. 자식에 대한 사랑도 돈이 있느냐 없느냐에 따라 사랑을 주는 방식이 달라지고, 자식을 어떻게 키우느냐도 달라진다. 사랑하는 사이에서 돈은 가장 중요한 것은 아닐지라도, 여러 가지 측면에서 간섭 변수로서의 기능은 한다. 사랑을 이야기할 때 돈 이야기가 빠지면 제대로 현실의 사랑이 설명되지 않는다.

친구와의 우정도 마찬가지다. 돈 때문에 우정이 생기지는 않더라도, 돈 때문에 우정이 깨지는 경우는 많이 있다. 친구를 만나서 뭐를 하며 노느냐는 우정의 깊이보다 돈이 얼마나 있느냐에 따라 달라진다. 돈은 분명 친구와의 관계에 영향을 미치는 중요한 요소이다.

어떤 직업을 가지느냐도 돈에 따라 달라진다. 어떤 직업이 좋으냐 나쁘냐의 판단에서는 월급이 얼마나 되느냐가 중요하다. 또 얼마나 오래 동안 구직활동을 할 수 있느냐도 가진 돈의 크기에 따라 정해지고, 취업 준비를 위해 뭐를 얼마나 준비할 수 있느냐도 있는 돈이 얼마냐에 따라 달라진다.

사회도 마찬가지다. 주요한 경제 문제인 인플레이션과 실업을 보면, 인플레이션은 돈이 너무 많이 풀려서 나타나는 문제이고, 실업은 근로자가 돈을 더 이상 벌지 못해서 발생하는 문제이다. 복지에서의 주요 이슈는 대부분 복지대상자에게 돈을 얼마나 주어야 하느냐, 정부가 그 돈을 줄 수 있는 여유가 있느냐이다. 무역 문제는 다른 나라와 거래를 하면서 돈을 버느냐 잃느냐의 문제이고, 보이스피싱 등 사기 범죄는 모두 돈을 빼앗기기 때문에 문제가 된다.

돈은 그냥 돈의 문제가 아니었다. 부자, 투자와 관련된 주제인 것만도 아니었다. 사람들의 삶 전체와 연관되는 것이고, 사회적 이슈 전체도 모두 돈과 관련되는 것이었다. 그러다보니 돈과 관련된 이야기는 우리의 삶과 사회 전체에 대한 이야기가 되어버린다. 그러니 돈과 관련된 칼럼 주제가 떨어질 수가 없다. 삶을 이야기하는 한, 돈 이야기는 계속된다.

돈이라는 게 이렇게 사람의 삶에 넓고 깊게 연관되는 것인지는 이전에는 미처 알지 못했다. 이걸 알았다면 젊었을 때 '돈은 별로 중요하지 않아'라는 말은 절대 할 수 없었을 것이다.

돈은 사람의 삶과 사회 유지에 가장 중요한 주역은 아니겠지만, 조역은 된다. 조역 중에서 단순한 조역이 아니라, 결코 무시할

수 없는 주요 조역이다. 주요 조역이 없으면 아무리 유명한 주역이
라 하더라도 제 역할을 할 수 없다. 돈이라는 조역은, 우리의 삶에
서 중요한 주역을 보완한다. 돈의 상태에 따라, 우리들이 삶에서
추구하는 주역의 상태도 결정된다. 그래서 돈의 심리는 우리 삶의
심리와 밀접한 관계가 있다. 돈을 이해하면 사람들의 삶을 이해하
는 정도도 높아진다. 사회를 보는 시각도 달라진다. 돈은 우리 삶
과 사회의 주요 조역이다. 그런 측면에서 '돈의 심리'를 다시 점검
해 보자.*

2025년 12월, 저자

---

* 이 책은 〈주간동아〉에서 저자가 매주 연재하고 있는 칼럼 '돈의 심리' 중 일부를 담은 것
  으로, 2023년 9월부터 2025년 7월까지의 칼럼을 새롭게 수정 보완한 것임을 알려드립
  니다.

1장

부자들은
왜 그럴까?

THE PSYCHOLOGY
of BIG MONEY

THE PSYCHOLOGY of BIG MONEY

01

부자들은 어디 있을까?

영국의 동물학자 리처드 코니프Richard Conniff는 그의 저서 『부자The natural history of the Rich』에서 부자의 특징 중 하나로 그들이 보통 사람들과 격리되어 있다는 점을 제시한다. 부자들은 보통 사람들과 사는 곳이 다르고, 취미, 행동, 가치관도 서로 다르다는 것이다. 그는 부자들은 일반인과 떨어져서 그들만의 리그를 구성한다고 보았다.

이에 대한 반론도 있다. 세계적 베스트셀러인 『이웃집 백만장자The Millionaire Next Door』는 미국의 백만장자 천명을 직접 조사해서 쓴 책인데, 백만장자들의 삶은 보통 사람들과 별로 다르지 않다는 걸 보여준다. 이 책에 따르면 겉으로 보기에 부자처럼 보이는 사람과 진짜 부자는 달랐다. 부자처럼 보이는 사람은 값비싼 집에서 살고 고급 승용차를 몰고 화려한 라이프 스타일을 산다. 그런데 이들 중 많은 사람은 진짜로 돈이 많은 부자가 아니면서 부자처럼 보이는 삶을 살고 있었다. 대신 진짜 부자들은 사는 곳이나 일상 생활에서 보통 사람과 별 차이가 나지 않았다. 통장에는 큰돈이 있지만 라이프 스타일은 우리가 평소에 대하는 사람들과 다른 게 없다. 부자이지만 부자 티가 나지 않기 때문에 동네 사람들도 그 사람이 백만장자인 줄 모른다. 보통 마을에서 일반인들과 같은 모습으로 살고 있는 백만장자들. 그래서 책 제목이 『이웃집 백만장자』이다.

한국의 부자들은 어떨까?

그럼 진실은 어떨까? 일단 한국에서 부자로 분류되는 사람이 몇 명 정도인지 살펴보자. KB 금융그룹에서는 해마다 부자 보고서를 발간하고 있는데, 2022년 보고서에 제시된 한국의 부자는 42만 4천 명이다. 이 보고서는 금융자산 10억 이상 보유한 사람을 부자로 본다. 한국에서 재산이 있다는 사람들은 대부분 부동산을 가지고 있고 자산 목록에서 부동산이 차지하는 비중이 높기 때문에, 부동산을 제외하고 금융자산으로 10억을 가지고 있는 사람은 분명 일반적인 기준에서 부자로 볼 수 있다. 그런 부자들이 한국에 42만 4천 명이 있다는 것이다.

이런 부자 중에는 부모에게서 미리 증여를 받아 부자인 어린 아이, 젊은 사람도 있겠지만, 대부분은 중장년 이상일 것이다. 상대적으로 젊은 나이에 부자가 될 수도 있으니 나이 30세 이상을 대상으로 계산해 보자.

한국의 인구는 5,170만 명 정도이며, 30세 이상 인구는 3,700만 명 정도이다. 금융자산 10억 원 이상을 보유한 부자가 42만 4천 명이니 계산해 보면 30세가 넘는 성인 87명 중 1명이 부자라는 이야기이다.

87명 중의 1명이면 아주 많은 것은 아니지만 그렇다고 적은 수치도 아니다. 서울 시내를 걷다보면 성인 남녀 수 백 명을 만날 수 있다. 그중에서 금융자산 10억 원을 가진 부자가 몇 명은 있다는 이야기이다. 전철을 타면 내가 타고 있는 칸에 1명 정도는 부자가 있다. 이웃집 백만장자가 괜히 생겨난 단어가 아니다. 정말로 이웃집 사람 중에 부자가 있다.

누군가는 이런 부자들이 모두 서울 강남, 서초 같은 데에 몰려 살기 때문에 다른 지역에는 부자가 없는 거 아니냐고 말할 수 있다. 하지만 현실은 그렇지 않다. 서울 전체에서 강남 3구 부자가 차지하는 비중은 45% 정도이고 강남 3구 이외의 지역이 55% 정도이다. 이렇게 따지면 서울의 비강남 지역은 성인 74명 중의 1명이 부자이다. 강남만큼 많지는 않지만, 그래도 이 정도면 충분히 많다. 전국으로 따지면 비 서울 지역에서 살고 있는 부자가 전체 부자의 55% 정도이다. 서울이 아닌 지역에 부자들이 더 많다. 인구 비례로 따져보면 서울에 부자가 더 많은 건 사실이지만, 그렇다고 서울 아닌 지역에 부자가 굉장히 드문 건 아니다.

이렇게 부자들이 많은데 왜 내 주위에는 부자가 없을까? 부자가 없는 게 아니다. 같은 아파트에 살고 있는 사람, 같은 직장 동료, 같은 학교에 다녔던 동기. 그 사람이 부자라는 걸 내가 모르는 거다.

부자는 자기가 부자라는 표시를 내지 않는다. "나는 부자다", "내 통장에 얼마가 들어 있다"라고 떠드는 사람은 없다. 가끔 돈을 얼마 벌었다고 책을 쓰거나 강의를 하는 사람들도 있긴 하지만, 대부분의 사람은 자기가 부자라는 표시를 하지 않는다. 그냥 주변의 다른 사람들에 맞춰서 대화를 하고 생활을 한다. 그러다 보니 주변의 사람들은 그 사람이 자기와 유사한 경제 수준을 가지고 있다고 생각한다. 같이 어울리고 대화하지만 아주 친한 관계가 아닌 한 그 사람이 부자라는 걸 잘 모른다.

나의 경험을 보자. 대학 시절, 대학원 시절, 박사 과정 때부터 알고 지내던 사람들이 있다. 처음 만나고 나서 지금까지 길게는 30년, 짧게는 20년은 알고 지낸 사람들이다. 그중에도 부자들이 있다. 열 손가락이 넘지는 않지만, 다섯 손가락은 넘는다. 하지만 그들이 부자라는 걸 예전에는 몰랐다. 내가 어느 정도 자산이 생긴 다음에서야 그들이 부자라는 걸 알게 되었다. 물론 그들이 어느 정도 산다는 것 정도는 알고 있었다. 왜냐하면 학생 시절, 생계를 위해서 아르바이트를 하거나 하지 않았고, 대학원 시절에도 돈을 벌기 위해서 프로젝트를 많이 한다거나 하지는 않았다. 학생 시절에는 대부분 돈이 없어서 돈 버는 일이 있으면 달려들기 마련이다. 하지만 이들 몇몇은 그런 돈 버는 일에 별로 크게 신경 쓰지 않았다. 그래도 그네들이 정말로 부자라는 건 몰랐다.

직장 생활을 하다가 부자가 된 지인들도 있었다. 전문직으로 일하는 사람, 회사 임원을 하는 사람, 자기 사업을 해서 성공한 친구들도 있었다. 어느 정도 잘살게 되었다는 건 알고 있었다. 직장 생활에서 성공을 했으니 돈도 어느 정도 버는 건 충분히 예상할 수 있다. 그러나 정말로 큰 부자가 되었다는 건 몰랐다.

부자임을 알게 되는 순간

이들이 부자라는 건 사소한 데서 알게 된다. 가령 종합부동산세 때문에 걱정이라는 말을 한다고 치자. 이전에는 '종합부동산세를 내다니 부자구나'라고만 생각했다. 그런데 이제 나도 종합부동산세를 낸다. 어느 정도일 때 어느 정도 세금이 나오는지, 2주택, 3주택일 때 어느 정도 차이가 나고 어느 정도 부담을 하는지 안다. 내가 그걸 전혀 모를 때 상대방은 자세히 이야기하지 않는다. 그러나 내가 어느 정도 알고 나의 고충도 이야기하면 서로 그에 대해 대화를 하게 된다. 보통은 그런 대화를 할 사람이 거의 없다. 일반 친구들에게 그런 이야기를 하면 공감은 전혀 받지 못하고 잘난 척

한다느니, 돈 많아서 좋겠다느니, 세금은 내야지라는 식의 말 밖에 들을 수 없다. 그러니 이런 문제를 이야기할 수 있는 사람을 만나면 쏟아놓게 된다. 상대방도 마찬가지다. 상속세, 증여세 문제, 고급 스포츠 차의 경우 어떤 차를 사야 하는지에 대해 상세한 이야기를 할 사람이 거의 없다. 그러니 대화가 통하는 사람을 만나면 솔직한 고민을 털어놓게 된다. 그러면서 상대방의 재산 상황도 어느 정도 알게 된다.

그러면서 알았다. 부자는 별개의 세상에 살고 있는 게 아니고 주변에 있는 사람들이었다. 그야말로 이웃집 백만장자였다. 그런데 나는 그동안 이들이 백만장자였다는 걸 몰랐다. 1~2년 만난 사이가 아니다. 10년 넘게 만난 사이다. 그런데도 난 이들이 큰 부자라는 걸, 부자가 되었다는 걸 몰랐다. 그동안 난 친구로서 이들과 만나 이야기를 했었다. 그러나 돈과 관련된 이야기는 하지 않았다. 부자들은 상대방이 그걸 받아들일 수 있고 공감을 할 수 있을 때 비로소 돈 이야기를 꺼낸다. 하지만 상대방이 그 이야기를 있는 그대로 받아들일 수 없을 것으로 생각하면 돈과 관련된 이야기는 하지 않는다. 돈 이야기는 그와 관련해서 공감하고 이해할 수 있는 사람과만 한다. 즉 부자끼리만 그런 이야기를 나누는 것이다.

그런 점에서 부자들이 그들만의 리그를 만든다는 말도 일리가 있다. 부자끼리만 통하는 무언가가 있다. 하지만 그렇다고 부자들이 보통 사람들과 완전히 떨어져 산다는 말은 맞지 않다. 아주 큰 부자, 재벌가 사람들이 아닌 이상 부자는 우리들 사이에 끼어있다. 단, 돈과 관련된 이야기는 보통 사람들과 하지 않고 부자들끼리 통하는 게 있다. 그게 보다 맞는 이야기일 것이다.

THE PSYCHOLOGY of BIG MONEY

02

임차인의 사정,
임대인의 사정

지인이 부동산 계약과 관련해서 문의를 해왔다. 원룸 월세를 계약했는데 입주할 방을 둘러보니 전등들이 좀 낡아 보였다. 임대인에게 전등들을 갈아달라고 했더니 우는소리를 하면서 곤란하다고 했단다. 그래도 계속 전등을 갈아달라고 요구하니 임대인이 나중에는 화를 냈다고 한다.

지인은 이 임대인이 전등 하나 갈아주는 걸 가지고 이렇게 나오는 걸 불편해했다. 이 임대인은 월세 80만 원이 나오는 원룸 세 개를 운영하고 있다고 한다. 원룸이 3개나 있어 월세 수입도 240만 원이 되는데 전등 가는 비용 10만 원 정도를 부담하기 싫어한다는 게 이해가 안 된다고 했다. 임대인은 오히려 원룸에 대출이 1억 4천만 원이 있어서 이자 내기 힘들다고 불쌍한 표정을 지었다고 한다.

지인이 나에게 문의한 건 두 가지였다. 하나는 이런 경우 전등을 세입자가 직접 사야 하나 임대인이 해주어야 하나이고, 두 번째는 어떻게 원룸이 3개나 있는 부자가 이렇게 10만 원도 안 되는 돈을 가지고 쩔쩔매느냐 하는 것이었다. 그야말로 있는 놈이 더 한 게 아니냐고 불평을 해왔다. 지인은 이 임대인을 자기 욕심만 채우는 안 좋은 부자로 보고 있었다.

임대인의 본심

우선 이사를 오면 보통 임대인이 전등 교체를 해주니 임대인에게 전등 교체를 해달라고 하는 건 충분히 요구할 수 있는 일이라 말해주었다. 그리고 이 임대인이 자기도 어렵다고 한 말은 사실일 수 있다는 것도 함께 말했다. 이 임대인은 아마 지금 자금이 굉장히 어려운 사정일 것이다. 전등값 10만 원을 부담하느냐 아니냐에 따라 원룸 임대가 이익인지 손실인지가 달라질 수 있다. 우는 소리를 하는 건 연기가 아니라 진짜 본심일 수 있고, 전등 교체해 달라는 말에 화까지 내는 건 자기가 실질적으로 손해를 보지 않기 위한 몸부림일 수 있다.

들어보니 임대인이 나이가 좀 많다고 했다. 가진 원룸은 3개이고 각각 대출이 1억 4천만 원이라고 했다. 그러면 대강 이 임대인의 사정이 짐작이 간다. 한 10년 전 이 임대인이 원룸을 구매할 때를 돌이켜보자. 이 사람은 정년 정도까지 일하면서 퇴직금과 저축 등으로 3~4억 원 정도를 모았을 것이다. 그런데 3억 원 가지고 노후를 계획하기가 쉽지 않다. 예금 금리가 3%도 안 되는데, 이러면 한 달 받는 돈이 70만 원도 안 된다. 생활비를 충당하기 쉽지 않다. 그렇다고 나이 들어서 새로운 일을 시작하기도 어렵다.

이때 괜찮은 대안으로 생각할 수 있는 게 부동산을 구매해서 월세를 받는 것이다. 서울에 3억 원짜리 오피스텔이나 원룸 하나를 구매하면 월세 80만 원에서 100만 원을 받을 수 있다. 하지만 이 정도로는 생활비 충당이 어렵다. 이때 대출을 받아서 원룸 여러 개를 산다면? 1억 4천만 원 대출을 받아 월세 80만 원 나오는 원룸을 산다면 3~4억으로 원룸 3개는 살 수 있다. 1억 4천만 원의 대출 이자는 30만 원 정도이다. 80만 원 월세 수입을 받아 대출 이자 30만 원을 내면 원룸 하나당 50만 원은 남는다. 원룸 3개면 150만 원이다. 이 정도면 노후 생활을 할 수 있다. 국민연금까지 받으면 200만 원 넘게 받을 수 있으니 죽을 때까지 충분히 노후 대책이 된다.

그런데 최근 몇 년 사이에 사정이 완전히 달라졌다. 금리가 올랐다. 1억 4천만 원 대출을 받으면 몇 년 전에는 이자를 30만 원대만 내면 되었다. 그런데 지금은 60만 원 이상이다. 신용도가 좀 좋지 않으면 70만 원까지 올라간다. 월세 80만 원을 받아 이자 60만 원을 내면 20만 원 남는다. 원룸 3개면 60만 원이다. 이 정도면 먹고 살기 힘들다. 국민연금이 있다고 하면 월 소득이 100만 원 좀 넘는 정도다. 서울에서 생활하기 만만치 않은 돈이다.

그런데 금리가 오른 것보다 더 큰 문제가 있다. 부동산 세금이다. 전 정권에서 부동산 세금은 급등했다. 특히 다주택자는 재산세, 종합부동산세 부담이 크게 올랐다. 이 임대인은 자기가 사는 집도 있을 것이니 원룸 3채를 포함하면 집이 4개다. 서울에만 집이 4채가 있으니 집값을 올리는 부동산 투기꾼의 전형이다. 최근 몇 년간 종합부동산세로 엄청난 세금을 냈을 것이다. 임대주택 등록 등으로 미리 조치를 해서 종합부동산세를 피했다 해도 재산세는 피하지 못했을 것이다. 이 사람은 종합부동산세, 재산세로 월세 수입 거의 대부분을 내야 했을 것이다.

혹자는 종합부동산세 내는 사람의 대부분은 100만 원 이하로 큰 부담이 아니고 세금 폭탄도 아니라고 말한다. 하지만 부동산에서 한달 월세 100만 원 정도 받아 사는 사람한테 세금 몇십만 원은 폭탄이 맞다. 그달 생활비를 충당할 수 없게 된다.

이 임대인은 금리 인상으로 한 달 수입이 60만 원대로 줄었을 것이다. 1년이면 720만 원이다. 여기에 부동산세를 고려하면 1년 수입을 다 토해내고 적자일 가능성도 있다. 이런 사정에서 전등 갈아주는 10만 원은 적은 돈이 아니다. 월세 세입자 앞에서 충분히 우는 소리가 나올 수 있다.

지인은 이 임대인을 굉장히 부자로 생각한다. 자기 집을 제외하고 원룸이 3개나 있으면 집이 4채나 있는 다주택자이니 부자 아닌가. 나는 말한다. 다주택자는 집이 많을 뿐 부자가 아니다. 아파트가 3채 있으면 부자라 할 수 있다. 하지만 원룸, 오피스텔 등이 많은 사람은 대부분 은퇴 후 월세 수입을 받아 살아가려고 구입한 사람들로 부자가 아니다. 일단 이 임대인도 원룸이 3채라 하지만 이 원룸들의 순자산액은 3~4억 원밖에 안 된다. 한국의 어떤 기준에서도 이런 정도의 자산을 가진 사람을 부자라고 하지는 않는다.

내가 전 정권의 종합부동산세 정책에 찬성하지 않았던 건 그런 이유이기도 하다. 한국에서는 자꾸 주택이 얼마나 있는가 여부로 부자인가 아닌가를 따진다. 집이 많으면 부자이고 집이 없으면 가난한 사람이다. 그런데 부자인가 아닌가의 제대로 된 기준은 돈이 많은가, 순자산이 많은가 여부이지 집이 많은가가 아니다.

싸게 살 수 있는 원룸, 오피스텔, 빌라 등은 널려 있다. 집값이 3억 원인데 전셋값이 2억 9천만 원이라, 1천만 원만 있으면 살 수 있는 집도 많다. 1억 원만 있으면 10채를 살 수 있다. 이 경우도 집이 엄청 많은 다주택자이지만 부자는 아니다. 그런데 원룸, 빌라를 여러 채 가진 사람 중에서는 부자라 할 수 있는 사람이 많지 않다. 진짜 부동산 부자는 땅이나 건물, 빌딩을 사지 원룸, 오피스텔, 빌라를 사지는 않는다.

생각의 전환

지인에게 이 이야기를 정리해 전달했다. 그 임대인은 전등 교체비용을 대기 싫어서 표정 연기를 하는 게 아니라 정말로 금전적으로 어려운 사정일 수 있다. 원룸이 3개가 있다고 하지만 실제 부자는 아닐 가능성이 더 크다. 원룸마다 1억 4천만 원씩 대출이 있다는 것을 볼 때, 열심히 모은 3억 원 정도의 돈을 기반으로 월세 생활비를 벌려고 하는 평범한 노인일 수 있다. 최소한 이 임대인을 욕심을 부리는 나쁜 부자로 생각할 필요는 없다.

상대를 부자로 생각하고 대하는 것과 보통 사람으로 생각하는 것은 차이가 난다. 상대방이 자기 욕심만 채운다고 생각하는 것과 어쩔 수 없는 사정이 있다고 생각하는 것도 차이가 난다. 지인이 이 임대인을 비난하고 욕할 필요는 없다. 지인이 임대인을 비판하는 것은 이 임대인이 큰 부자라고 생각해서이다. 부자가 아니라는 것을 아는 것만으로도 많은 것을 이해할 수 있을 것이다.

어쨌든 지인에게 한 가지는 분명히 설명했다. 보통 사람들은 다주택자가 부자인 줄 안다. 하지만 다주택자는 부자가 아니다. 물론 부자인 다주택자도 있겠지만, 대부분 다주택자, 특히 빌라, 원룸, 오피스텔을 많이 가진 다주택자는 실제 부자가 아닌 경우가 많다. 그리고 종합부동산세 등 다주택자 정책은 이런 부자 아닌 다주택자에게 큰 타격을 입혔다. 이걸 알면 우는 얼굴로 하소연하는 임대인들을 어느 정도 이해할 수 있을 것이다. 최소한 우는 소

리하는 임대인들을 거짓 연기한다고 비난하지는 않을 수 있을 것
이다.

THE PSYCHOLOGY of BIG MONEY

03

성공하면 달라지는 친구 관계?

예전에 유명 셰프인 이연복 셰프가 한 TV 프로그램에서 자신의 친구 관계에 관한 이야기를 한 적이 있다. 이연복 셰프에게는 한 30년 가까이 만나온 친구 모임이 있었다고 한다. 이연복 셰프가 유명해지고 난 이후 그 모임에서 2차를 갔을 때 2차는 자기가 내겠다고 했더니, 그 말을 들은 한 친구가 왜 네가 2차를 쏘느냐고 하며 멱살을 잡았다고 했다. 결국 싸움이 났고, 그 이후 이연복 셰프는 모임에 나가지 않게 되었다고 한다. 오랜 친구들 모임이 2차를 내느냐 마느냐의 문제로 깨진 건데 사실 2차를 누가 내느냐가 진짜 원인은 아니다. 이연복 셰프가 유명해진 것에 대한 시기와 질투가 진짜 문제였다. 친구들 모임에서 왜 네가 돈을 다 내느냐고 따지는 건 그 사람에게 시기나 질투, 콤플렉스가 있었다는 방증이다.

이러지도 저러지도 못하고

얼마 전 이와 거의 같은 이야기를 다른 친구에게도 들었다. 이 친구도 사회에서 성공한 사람이었다. 사회적 지위도 있고 돈도 많이 번다. 이 친구가 고등학교 동창 모임을 갔다가 중간에 나오면서 오늘 회식비의 반을 내고 가겠다고 말했다. 그러자 다른 동창이 "내려면 다 내지 왜 반만 내나"라는 말을 했다. 친구 간에 장난스레 하는 말이라면 별문제 없다. 하지만 말투나 표정을 보면 이게 장난으로 하는 말인지 진심으로 하는 말인지, 그리고 선의로 하는 말인지 악의로 하는 말인지 정도는 구별할 수 있다. 이 사람은 악의로 한 말이었고, 돈도 많으면서 왜 반만 내냐는 의미였다. 회식비 반을 내겠다는데 왜 다 내지 않느냐고 뭐라고 하는 것도 보통의 경우에는 나오기 힘든 말이다. 이것도 친구에 대한 시기, 질투, 콤플렉스가 안에 있는 경우이다.

결국 이 친구도 고등학교 동기 모임에 가지 않게 되었다. 옛 친구를 만나는 건 뭔가 실질적인 도움을 얻기 위해서가 아니다. 사업 기회가 생긴다거나 업무상 필요한 정보를 얻는다거나 해서 만나는 게 아니다. 다른 모임에서는 그런 걸 기대해도 옛 친구 모임에서는 그렇지 않다. 오랜만에 얼굴을 보고 정서적인 만족감, 안정감만 얻으면 된다. 하지만 이렇게 시기 어린 경험을 하게 되면 더 이상 만나기 힘들다. 오랫동안 알고 지내던 사이이지만, 그 친구관계가 계속 유지될 수 없다.

혹자는 정말로 '회식비의 반만 낸 것'이 문제라고 말할지도 모른다. 반만 내지 않고 회식비를 모두 다 냈다면 아무 문제 없지 않았을까? 회식비를 모두 다 낸다고 했으면 친구들이 고마워하고 이후에도 잘 지낼 수 있지 않을까?

그렇지 않다. 회비를 얼마나 냈는가가 중요한 게 아니다. 이연복 셰프는 회식비를 다 낸다고 했고, 이때의 반응은 '네가 왜 2차 값을 다 내느냐'였다. 성공했다고 과시하는 거 아닌가, 돈 많다고 자랑하는 거 아니냐는 의미가 들어 있다. 회식비는 친구들이 서로 돌아가면서 낼 수도 있고, 특별히 축하할만한 일이 생기면 혼자서 다 낼 수도 있다. 하지만 성공한 친구, 돈 많이 번 친구가 회식비를 다 내는 건 자랑질로 해석된다. 회식비를 다 낸다고 해도 좋은 말이 나가지 않는다.

회식비 반을 낸다고 해도 문제고, 회식비를 모두 낸다고 해도 문제다. 그럼 그냥 1/n로 나눠 내면 아무 문제 없을까? 그것도 아니다. 성공하고 돈도 벌었는데 친구들에게 한턱도 내지 않는다고, 쫀쫀하고 야박하고 베풀 줄 모르는 이기적인 친구가 된다.

결국에는 모임에 나가지 않는다

그럼 돈 많은 친구, 성공한 친구는 어떻게 행동해야 하나? 더치페이를 해도 욕을 먹고, 반을 내도 욕을 먹고, 모두 다 내도 욕을 먹는다. 욕을 피할 수 있는 방법이 없다. 뭘 해도 비판을 받는다. 그래서 결국 성공한 친구는 모임에 더 이상 나가지 못하게 된다. 모임에 나가지 않는다고 욕을 안 먹는 건 아니다. 성공하기 전에는 모임에 계속 나왔었는데 성공한 다음부터 모임에 나오지 않으면 '옛날에는 그렇지 않았는데 이제는 변했어'라며 비판을 받는다. 결국 뭘 해도 욕을 먹게 된다.

모든 친구가 다 이렇게 시기, 질투의 감정으로 성공한 친구, 돈 번 친구를 비판하는건 아니다. 시기, 질투의 감정으로 말을 내뱉는 사람은 소수이지만, 보통 10명 중에서 한 명 정도는 그런 사람이 있다. 비록 한 명이지만 그 한 명이 모임에서 이런 말을 하면 그 다음부터는 그 자리에 나가기가 두렵다. 소위 성공한 다음에 과거의 모임에 더 이상 나가지 못하는 사람은 이연복 셰프만은 아닐 것이다. 정말 많은 사람이 사회적으로 성공했다는 명성, 부를 얻은 다음에는 과거의 인연들이 끊어진다.

밥값을 누가 내느냐, 그리고 얼마나 내느냐의 문제로 이렇게 인간관계가 꼬이는 건 참 우스운 일이다. 그런데 친구 관계, 지인 간의 관계에서는 이게 참 중요하다. 만나서 이야기만 하고 헤어지면 웬만한 경우가 아닌 한 서로 사이가 틀어질 일도 없다. 하지만 만나서 이야기를 하다 보면 필연적으로 찻값, 식삿값, 술값 등을 지출해야 한다. 이걸 어떻게 누가 부담하느냐에 따라 친구 관계가 영향을 받는다.

애매한 관계가 문제

나의 경험도 비슷하다. 친구들, 지인들을 만났을 때 이런 비용들을 지불하는 데는 큰 부담이 없다. 그러나 지불할 능력이 있다고 항상 모든 비용을 지불할 수는 없다. 항상 비용의 반을 지불할 수도 없고, 항상 더치페이를 할 수도 없다. 앞에서 이야기했듯이 모두 다 욕을 먹는 행위이다. 그래서 이런 자리에 나갈 때마다 좀 걸린다. 오늘은 어떻게 해야 할까. 내가 낸다고 해야 할까, 아니면 더치페이로 해야 할까 등을 생각하게 된다.

모임에 나오는 사람들이 거의 다 여유 있고 소위 잘나간다는 사람들일 때는 별 부담 없다. 이때는 돈을 누가 어떻게 지불하느냐에 대해 아무 신경 안 써도 된다. 또 누가 낼 것인가가 고정화된 경우도 별문제 없다. 만나면 내가 항상 사는 사람이 있고, 또 만나면 내가 항상 얻어먹는 사람도 있다. 보통 선후배 관계가 이렇다. 업무상 관계일 때도 신경 쓰지 않는다. 업무상 관계는 그 자리를 주도한 측에서 내게 된다.

문제는 동창과 같이 오래전부터 알던 사이이다. 아주 친한 사이라면 그래도 괜찮다. 아주 친한 건 아니지만 잘 아는 사이, 그런 게 가장 애매하다. 업무상 관계와 달리 네가 돈을 다 내라고 요구할 수 있는 관계이고, 또 나를 어느 정도 알아서 예전과 달라졌다고 욕을 할 수 있는 사람들이다. 누군가 성공했을 때 시기, 질투를 하는 사람들은 보통 이 중에 있다.

이들은 누군가가 성공하기 전 상태, 그러니까 그냥 평범할 때부터 알고 지냈다. 지금 이 사람이 성공했다, 돈을 벌었다 하지만, 과거에는 자기들하고 별 차이 없는 사람이었고 오히려 뭔가 부족한 놈이었다. 원래 잘나가던 애가 계속 잘나가면 시기, 질투할 일도 없다. 전에 못났던 사람, 자기와 비슷했던 사람이 잘나가게 되었을 때 시기, 질투가 일어난다. 평상시에는 시기, 질투가 일어나도 그걸 표현할 계기가 없다. 회식비를 누가 얼마나 부담하느냐의 문제가 발생했을 때, 그런 감정이 표출될 기회를 얻는다.

그냥 항상 더치페이이면 이런 문제가 없을까? 그렇지 않다. 무조건 더치페이일 때는 돈이 없는 사람, 여유가 없는 사람과는 친구 관계가 만들어지지 못한다. 누군가 더 부담하는 일이 자연스러울 때 돈이 없는 친구와도 오랜 친구 관계가 만들어질 수 있다. 요즘 젊은 층은 더치페이가 일상적이다. 젊은 세대에서 은둔형 외톨이가 많아지는 건, 돈이 없으면 같이 어울릴 수 없는 더치페이 문화가 어느 정도 영향을 끼치는지도 모른다.

어쨌든 이런 문제로 성공한 사람, 돈 번 사람은 자기의 옛날 모습을 알고 있는 사람들, 자기가 잘나가기 전, 성공하기 전부터 잘 알고 지내던 사람들 간의 모임에 나가기 힘들어진다. 업무와 관계 없이 순수한 인간관계를 이어 나갈 수 있는 좋은 모임인데 소위 성공했다는 사람은 이런 모임을 나가기가 어렵게 된다. 성공한 다음에 사람이 변해서 모임에 나가지 않는 게 아니다. 모임에서 상처를 받고, 그 이후에 나가지 않게 된다는 게 더 정확한 답이다.

돈 의 심 리

PSYCHOLOGY of MONEY

THE PSYCHOLOGY of BIG MONEY

04

한 달에 월세 300을
받는데 망했다고?

A는 서울에 상가를 보유하고 있다. 월세 수입이 있으면 퇴직하고 나이가 들어서도 좀 편안한 생활을 할 수 있다는 생각에 오랫동안 모으고 번 돈으로 상가를 샀었다. 이 상가에서 들어오는 월세 수입은 300만 원이다. 한 달에 꼬박꼬박 300만 원씩 통장에 꽂힌다. 친구들이 '좋겠다, 나도 그랬으면 좋겠다'라며 부러워한다.

친구들이 이렇게 부러워하는데, 막상 A는 상가 이야기가 나오면 떨떠름해한다. 오히려 "나는 망했다"라고 말하며 속상해 한다. 친구들은 A가 이렇게 말하는 것을 이해하지 못한다. 300만 원이나 월세를 계속 받고 있는데 뭐가 문제인가. 무엇보다 그 상가를 20억 원이나 주고 샀다고 한다. 20억 원 가치의 상가를 가지고, 다른 사람들 월급만 한 돈을 추가로 받고 있는데 뭐가 망했다는 건가. 속으론 좋으면서 겉으로만 그러는 거라고 생각한다. 상가를 보유하고 월세를 300만 원씩 받는 건 친구들 생각처럼 부러운 일일까, 아니면 당사자 A의 말대로 망해서 안쓰러운 일일까?

상가의 함정

친지한테 연락이 왔다. 이 친지는 상가를 빌려 작은 사업을 하고 있으며, 매월 70만 원의 월세를 내고 있다. 지금 사업이 어느 정도 자리를 잡았는데, 걱정되는 건 임대인이 나중에 재계약을 하지 않으려 하거나, 자기가 쓰겠다고 나가라고 할지 모른다는 점이다. 임대인은 이 상가를 팔려고 내놓았는데, 새로운 주인이 오면 어떻게 될지 모른다. 그래서 이 친지는 나에게 이 상가를 사면 어떠냐고 제안을 했다. 내가 이 상가 주인이 되면, 내가 여기를 쓰겠다고 나가라고 할 일은 없다. 재계약을 하지 않겠다고 할 일도 없다. 월세는 밀리지 않고 꼬박꼬박 낼 거니, 서로 윈윈 아닌가.

그러면서 설명을 한다. 이 지역이 현재 어떤 발전 계획이 있고, 주변 환경이 어떠하고, 거주 인구가 늘어나고 있고 등등. 실제 이 지역은 최근 뜨는 지역이다. 인구가 늘고 계속 아파트 가격도 오르고 있다. 이렇게 동네가 좋으니 여기를 사서 손해 볼 일은 없다. 발전하고 있어 가격이 더 오를 것이니 지금 사놓으면 좋을 것이다.

이런저런 설명을 듣고, 그 상가가 얼마인지 가격을 물어봤다.

"3억 7천만 원. 처음에 상가를 분양받을 때 가격이래. 그 가격에서 더 받지 않고 분양가로 팔겠대. 분양받은 지 몇 년이나 됐는데 그 가격으로 파니 괜찮은 거 아냐? 지금 집주인이 욕심이 없는 분이야."

만약 다른 사람이 이렇게 말했다면 난 그 사람을 다른 사람을 등쳐먹으려고 하는 영락없는 사기꾼이라고 생각해 바로 여기서 대화를 끊어버렸을 것이다. 하지만 이 애가 나에게 사기 칠 리는 없는데 어떻게 된 걸까 싶어 이야기를 더 나누다가 알게 되었다. 그는 정말로 이 거래가 서로에게 윈윈이라고 생각하고 있다. 바가지 쓰지 않고 몇 년 전 분양가대로 살 수 있으니 정말 괜찮은 가격이고, 또 월세를 매달 70만 원씩 꼬박꼬박 받을 수 있으니 좋은 거 아닌가. 자기가 돈이 있으면 직접 이 상가를 사서 월세 내지 않고 운영했을 것이다. 자기가 돈이 없으니 나에게 이걸 사라고 제안하고 있는 거였다.

오히려 내가 놀랐다. 정말 이렇게까지 모를 수 있는 거구나. 이미 오래전 아파트도 구매했었고, 지금 상가를 임차해서 사업을 하는 경험이 있으면서도 이 가격이 비싼지 싼지, 바가지인지 적정 가격인지 알지 못했다.

하나하나 설명을 했다. 우선 그 지역이 발전하는 지역이고 거주 인구도 많아지고 위치도 좋다는 점은 인정한다. 그런데 그건 아파트를 살 때나 중요하게 보는 사항이다. 상가는 그런 기준으로 보지 않는다. 아무리 지역이 좋아도 상가는 길 하나에 흥하고 망하고가 달라진다. 주변 인구가 많고 발전하면 아파트는 좋을 것이다. 하지만 상가는 망할 수 있다. 네가 말한 건 아파트나 빌라를 거래할 때 하는 말이다. 상가 거래에서는 그런 건 하나도 중요하지 않다.

질문이 들어온다. "그럼 뭐가 중요한 건데?"

상가는 수익률이다. 적정한 수익의 월세를 얻을 수 있는가가 중요하다. 재건축이나 리모델링을 할 거라면 자본 수익을 기대할 수도 있다. 그런 게 아니라면 안정적으로 계속 월세가 들어올 수 있느냐이다.

"난 월세 계속 잘 낼 거니 그건 문제없는 거 아냐?"

월세는 잘 낼 것이다. 문제는 수익률이다. 3억 7천만 원에 월세 70만 원이라고? 1년 임대료가 840만 원인 거고 그럼 수익률이 2.2%다. 여기에 세금 등도 내야 하니, 실제로는 2%가 안 될 것이다. 그냥 괜찮은 금융상품에 가입하는 게 훨씬 낫다.

이런 상가에서는 아무리 적어도 최소한 4% 이상의 수익률은 나와 주어야 한다. 월세를 두 배로 올릴 수는 없을 것이고, 이 수익률을 맞추려면 가격이 3억 7천만 원이 아니라 1억 8,000만 원이어야 한다. 그 가격이라면 생각해 볼 수 있다.

"이 주인은 3억 7천에 산 건데? 그게 분양가였는데?"

3억 7천만 원에 살 때는 월세를 못해도 140만 원은 받을 거라 생각했을 거다. 그런데 지금 월세를 70만 원밖에 못 받고 있으니 이 주인은 실제로는 손해를 보고 있는 거다. 은행 대출을 2억 원 가까이 받았다면, 월세로 은행 이자도 내지 못할 것이다. 오히려 은행 이자를 부담하느라 매달 추가로 돈이 나가고 있을 수도 있다.

그리고 무엇보다 중요한 게, 상가 분양가는 제대로 된 가격이 아니다. 아파트는 건설하면 거의 다 분양된다. 그래서 건설비에 적정 이윤만 붙여서 팔아도 된다. 5억 원을 들여서 지으면 5억 5천만 원에 분양한다. 그런데 상가는 분양률이 잘나가도 보통 50% 정도도 안 된다. 반 정도밖에 안 팔려도 이윤을 얻으려면 분양가를 높여야 한다. 5억 원을 들여서 지으면 10억 원에 팔아야 한다. 그래야 반밖에 안 팔려도 수익을 낼 수 있다. 그래서 상가 분양가는 원래 시세보다 비싸다. 거기도 월세 시세를 고려하면 1억 8천만 원 정도에 분양을 했어야 하는데, 그런 이유로 3억 7천만 원에 분양한 거다. 지금 주인은 그걸 덥석 문 거고.

"근데 오빤 그런 걸 어떻게 알아?"

"어떻게 알긴. 직접 당해봤으니까 알지."

몸으로 부딪혀 얻은 교훈

예전에 복합쇼핑몰 상가를 분양받은 적이 있다. 매월 월세 100만 원 이상이 가능하다고 해서 구매한 상가였다. 그런데 실제로 상가가 운영되기 시작하자 월 50만 원 정도의 월세만 나왔다. 이게 어떻게 된 걸까 의아해했고, 궁금해서 상가 개발 전문가과정 등을 등록해 들으면서 알게 되었다. 상가의 논리와 아파트, 빌라의 논리는 완전히 다르다. 그리고 겉으로는 수익을 얻는 것처럼 보이지만, 실질적으로는 손해를 보고 있는 상가 임대인이 엄청나게 많다. 상가 월세를 많이 받는다고 마냥 부러워할 일은 아닌 거다.

A는 상가에서 월세 300만 원을 받고 있다. 많은 사람이 이렇게 월급 외 추가적으로 300만 원 수입이 있는 A를 부러워한다. 월 300만 원이면 노후 대책 준비도 이미 끝난 거 아닌가. 하지만 A 스스로는 망했다고 생각하고 있다. 내가 보기에는 어떤가? 내가 보기에도 A는 망했다. 투자 한번 잘못해서 그동안 고생해서 모은 돈을 대부분 날렸다. 중요한 건 앞으로도 이 수렁에서 빠져나오기 힘들다는 점이다.

20억 원을 주고 샀으면 못해도 월 600만 원 이상의 월세 수입은 되어야 한다. 아파트라면 월세가 낮아도 나중에 가격이 올라 자본 수익을 기대할 수 있지만, 상가는 그런 거 없다. 월세 수입만으로 상가 가격이 정해진다. 월 300만 원 수익이면 10억 원 이상 받기 힘들다. A가 20억 원에 산 상가가 10억 원으로 떨어진 거다. 평생 어렵게 번 돈 10억 원을 날렸다. 대출을 많이 받았으면 월세 수입으로 은행 이자도 못내 매달 자기 돈을 퍼붓고 있을 것이다. 팔았으면 좋겠는데, 상가 투자를 하는 사람 중에서 이걸 A가 산 분양가 가격에 살 사람은 아무도 없다. 이 상가는 A가 큰 손해를 보고 팔아버릴 때까지 애물단지가 될 것이다.

A에게는 현재 자기 상황을 이해하고 위로해 줄 사람이 필요하다. 그런데 대부분의 사람은 '월세를 300만 원이나 받는다고. 부

럽다, 좋겠다'라고만 한다. 서로 이해하기 어려운 의식의 괴리이다. 그래서 이런 돈과 관련된 갈등은 해소되기가 어려운 것인지도 모른다.

THE PSYCHOLOGY of BIG MONEY

<u>05</u>

부자들은 모두 보수를 지지한다?

2025년 6월 3일 대통령 선거가 실시되기 전의 이야기이다. 한 친구가 나에게 이렇게 말했다.

"넌 이번 선거에서 보수당 찍을 거지?"

"에? 왜 그렇게 생각해?"

"진보당은 정권 잡으면 부자들에 대한 세금 올리고, 집값 잡는다고 다주택자들에 대한 세금도 올릴 거고... 넌 부자고 또 다주택자잖아. 그러니 진보 측을 지지할 리 없지 않아?"

그에 대한 나의 대답은 이렇다.

"나에게도 선호하는 후보가 있고 싫어하는 후보가 있는데, 최소한 그런 이유로 보수나 진보를 지지하지는 않아. 무엇보다 부자들, 다주택자들이 세금을 많이 부과한다는 이유로 진보를 싫어한다는 건 핀트가 빗나간 이야기야. 이전 노무현 정권이나 문재인 정권의 부자 증세, 다주택자 규제로 인해 부자들은 더욱더 큰 부자가 되었지. 이렇게 더 큰 부자로 만들어주는 진보 정권을 부자들이 싫어할 리가 없지 않아?"

"그렇지만 내 주위에도 다주택자들, 강남 아파트 가지고 있는 사람들 많은데, 그 사람들은 대부분 진보가 정권 잡으면 세금 오른다고 뭐라 하던데…"

"그 사람들은 진짜 부자들이 아니고 중산층 상위권인 사람, 아니면 부유층 하위권인 사람들일 거야. 그런 사람들에게는 부동산 세금 증가나 다주택자에 대한 세금은 치명적일 수 있지."

세금이 오르면 부자들은 힘들어질까?

사람들은 부자들의 세금이 오르면 부자들이 더 힘들어질 거라고 생각한다. 부자들에 대한 세금을 낮추려고 하면 부자 감세라면서 반대한다. 그런데 부자에 대한 세금 증가가 정말로 부자를 힘들게 하고 빈부 격차를 줄이는가? 그게 그렇게 간단하지는 않다.

대표적인 사례가 노무현 정권, 문재인 정권의 다주택자 규제, 부동산 고세율 정책이다. 부자들인 다주택자들에게 높은 세금을 매겨서 집을 팔게 했다. 실제 1년에 몇천만 원, 몇억 원의 부동산 세금 부담을 견디지 못해 많은 사람이 집을 팔았다. 그런데 1년에 몇천만 원의 세금을 버거워해서 집을 팔아야 하는 사람들이 진짜 부자들일까? 1년에 1억, 2억 버는 사람들에게 몇천만 원 세금은 치명적이다. 연봉 2억이라고 해도 실수령액은 연 1억 2천 정도다. 여기서 몇천만 원 세금을 내고 나면 생활이 흔들린다. 이들은 세금을 감당하지 못해 집을 팔아야 했다. 하지만 진짜 부자들은 몇천만 원 세금 때문에 집을 팔거나 하지 않는다. 높은 부동산 세금 때문에 집을 팔아야 했던 것은 중산층, 아니면 부유층 중 하위권이다. 그리고 그 결과는 지금 모두가 안다. 집값은 훨씬 더 올랐다. 몇천만 원 세금을 냈지만, 그것보다 훨씬 더 집값이 올랐다. 진짜 부자들은 더욱더 재산이 늘었고, 이들을 따라가려 했던 중산층 상위권, 부유층 하위권은 그 경쟁에서 떨어져 나갔다.

억대의 세금은 부자들에게도 부담스럽지 않았을까? 그 정도 금액이면 부자들도 부담스러워했을 것이다. 그러면 자식에게 미리 아파트를 물려주면 된다. 아파트를 증여하면 증여세가 엄청나게 나온다. 20억 원짜리 아파트를 물려주면 6억 원의 증여세를 내야 한다. 6억 원 증여세를 낼 수 없는 중상위층은 할 수 없이 아파트를 판다. 하지만 진짜 부자는 6억 원의 증여세를 내고 아파트를 자식에게 물려준다. 부동산세 6년 치를 한꺼번에 낸다고 생각하면 된다. 이후 집값은 올랐고, 부자 가족들의 재산은 더 늘었다. 몇천만 원의 세금, 몇억 원의 증여세를 내지 못하는 어설픈 부자들은 떨어져 나갔고, 진짜 부자들과의 재산 격차는 훨씬 더 늘었다. 어설픈 부자들은 진보정권을 반대할 수 있다. 하지만 진짜 부자들은 이렇게 재산을 늘려주고 어설픈 부자들과의 격차를 확실히 벌려주는 진보정권을 반대할 필요가 없지 않나.

학교에서 성적 양극화가 심한 게 문제라고 해보자. 90~100점 맞는 학생들이 있는 반면, 점수가 낮은 학생들은 30~40점을 받는다. 이 점수 양극화를 낮추기 위한 방법에는 두 가지가 있다. 고득점을 받는 학생들의 점수를 낮추는 것, 아니면 저득점 받는 학생들의 점수를 올리는 것. 그런데 저득점 학생의 점수를 올리는 건 쉽지 않다. 빠르고 확실한 방법은 고득점 점수를 낮추는 거다. 고득점 점수 낮추기는 간단하다. 문제를 굉장히 어렵게 내면 된다. 90~100점 맞는 학생이 70~80점대로 내려앉을 것이다. 30~40점 받는 학생들은 어차피 문제를 못 풀고, 그냥 찍기 때문에 점수는 비슷하게 30~40점대가 나온다. 이전에는 점수 차가 30~100점 정도였다면, 이제는 30~70점 정도로 줄어든다. 이렇게 하면 확실하게 점수 양극화가 치유된다.

이 방법은 고득점자의 점수를 낮추는 빠르고 쉬운 방법이기는 한데 문제가 있다. 원래 70~80점 받는 중간층 학생들의 점수가 팍 낮아진다는 점이다. 문제가 어렵게 나와 90~100점 받는 학생들이 70~80점을 받으면 원래 70~80점 받는 학생들의 점수는 박살이 난다. 점수가 30~40점대로 떨어진다. 공부를 하나도 안 한 하위층 학생이나, 공부를 나름대로 한 중위층 학생이나 별 상관없이 비슷한 점수가 나온다.

이전에는 30~40점대, 70~80점대, 90~100점대가 같이 있었다. 하지만 고득점을 없애기 위해 문제를 어렵게 내면 대부분은 30~40점대에 머물고, 소수의 70~80점대만 존재한다. 중간층이 없어진다. 90점 이상의 고득점대가 없어진 건 맞는데, 중간층이 없어져 전체적인 학력 격차, 성적 양극화는 심해진다. 오히려 고득점층의 독점도는 강해진다. 이전에는 70~80점대의 중간층이 자기 뒤를 쫓아왔고, 재수가 좋으면 80점대가 몇 문제를 더 맞춰 90점을 받을 수도 있었다. 하지만 이제는 중간층이 30~40점대로 떨어져 등수 경쟁에 전혀 신경 안 써도 된다.

선생들이 몰라서 문제를 어렵게 내지 않는 게 아니다. 얼마든지 어렵게 내 고득점자들이 나오지 않게 할 수 있다. 하지만 그랬다간 중간층과 하위층을 구별할 수 없게 된다. 고득점층은 점수는 좀 낮아지지만 반에서 1, 2, 3등을 독점하는 건 이전과 똑같다. 오히려 그 이하 점수와의 격차가 더 커진다. 선생들이 문제를 아주 어렵게 내지 않는 이유이다.

사회 양극화를 치유한다고 하면서 부자들에게 고율의 세금을 매기는 것도 마찬가지라고 본다. 그로 인해 부자들이 내는 돈이 더 많아지기는 할 거다. 그러나 그런다고 중산층과 부자들의 재산 순위가 바뀌지는 않는다. 세율이 높아지면 부자는 많이 내지만 어쨌든 중산층도 조금은 더 낸다. 하지만 그 조금이 중산층에는 치명적이다. 해외여행을 1년에 1번 나가는 중산층의 경우, 1년에 세금이 200만 원만 늘어도 더 이상 해외여행을 갈 수 없게 된다. 부자는 세금을 많이 내도 부자이지만, 중산층은 조금의 세금이라도 더 내고 나면 더 이상 중산층이 아니다. 중산층에서 하위층으로 떨어지는 건 금방이다.

중남미 국가들은 과거 진보 정권들이 주류였고, 사회 양극화를 치유하기 위해 부자들에게 많은 세금을 부과했다. 이 국가들은 지금도 빈부격차, 양극화가 세계에서 가장 크다. 부자들이 많은 부담을 지는 건 맞는데, 중산층이 몰락했다. 사회에 부자들과 가난한 사람밖에 없으니 빈부격차, 양극화는 더 심해졌다고 본다.

양극화 치유라는 과제

그래서 개인적으로는 양극화 문제를 치유하기 위해서는 부자들을 끌어내리기보다는 가난한 사람들을 위로 올리려는 노력이 필요하다고 생각한다. 90~100점 받는 학생들의 점수를 낮추기 위해 노력하지 말고, 30~40점 받는 학생들의 점수를 높이려고 해야 한다고 본다. 그래야 중산층이 망하는 부작용이 없이 빈부격차가 줄어들 수 있다. 물론 그건 쉽지 않다. 90~100점 받는 학생들의 점수를 70~80점으로 낮추기는 쉽다. 하지만 30~40점 받는 학생의 실력을 60~70점으로 올리는 건, 점수 퍼주기가 아니라 실제 실력을 올려서 60~70점을 받도록 하는 건 굉장히 어렵다. 하지만 정말로 양극화를 감소하기 위해서는 그래야 하지 않을까 한다.

어쨌든 한 가지는 분명하다. 사람들은 부자들이 진보 정권을 싫어할 거라고 말한다. 진보정권은 부자들에 적대적인 정책들을 많이 시행하니 부자들은 진보정권에 반대할 거라고 생각한다. 그러나 그렇게 간단하지 않다. 중산층 상위권이나 어설픈 부자들은 분명 진보정권의 부자 정책으로 손실을 볼 것이다. 하지만 진짜 부자들은 진보 정권이라 해도 별 차이 없고, 오히려 더 좋아질 가능성도 크다. 부자들이 당연히 보수를 지지하고 진보를 반대할 거라고 생각하지는 말자.

THE PSYCHOLOGY of BIG MONEY

06

진짜 부자들의 학벌

지인이 강남 학원에서 일을 하고 있다. 이 학원은 일반적인 중고생 입시 학원이 아니라, 미국 보딩 스쿨을 준비하는 학원이다. 미국 보딩 스쿨은 학생들이 기숙사 생활을 하면서 학업을 수행하는 사립학교이다. 좋은 보딩 스쿨들은 소위 아이비리그라고 불리는 미국 명문대학 입학률이 높아 세계적으로 높은 지명도를 가지고 있다. 한국의 대학이 아니라 미국의 명문대학에 들어가고자 하는 학생들이 미국 보딩 스쿨을 지원한다.

보딩 스쿨에 들어가기 위해서는 영어는 당연히 잘해야 하고, SSAT, 토플 점수 등도 높아야 한다. 이뿐 아니라 에세이도 잘 써야 하고, 인터뷰도 인상적이어야 한다. 한국은 사교육이 발달한 나라이다. 당연히 보딩 스쿨에 들어가기 위한 학원들도 많이 있다.

보딩 스쿨을 준비하는 학원비는 굉장히 비싸다. 서울 강남 대치동의 학원비가 비싸다고 하지만, 보딩 스쿨 준비반 학원비는 그 단위가 다르다. 그리고 보딩 스쿨 준비반 학원은 단순히 학원비만 부담할 수 있다고 해서 다닐 수 있는 곳이 아니다. 보딩 스쿨에 합격하면 미국에 가서 보딩 스쿨을 다녀야 하는데 학비가 비싸다. 게다가 생활비까지 고려하면 1년에 1억 이상의 학비를 부담해야 한다. 그렇게 몇 년 보딩 스쿨을 다니고, 대학도 미국 대학을 다녀야 한다. 보딩 스쿨을 다니면서 미국 교육 과정을 밟은 사람이 한국 수능 시험을 볼 수는 없다. 이렇게 고등학교, 대학을 모두 미국에서 다니려면 몇억 가지고는 어림도 없다. 아이 교육에 최소한 10억 이상의 돈을 투자할 수 있는 사람들이 보딩 스쿨을 지원할 수 있다. 즉 보딩 스쿨에 지원하는 사람들은 진짜 부자들이다. 부자인 척하는 사람들은 보딩 스쿨을 갈 수 없다.

부모의 학력

한국은 대학 등에 입학지원서를 쓸 때 부모의 학력을 쓰지 않는다. 그런데 미국 보딩 스쿨의 경우 많은 경우 부모의 학력 정보를 요구한다. 단순히 대졸, 고졸의 학력 정보가 아니라, 정확히 어떤 학교를 나왔는지 학교 이름까지 요구한다. 미국은 신용 사회다. 거짓말을 했다가 들통이 나면 엄청난 불이익을 받는다. 보딩 스쿨에 합격해도 이 정보가 거짓이라는 게 밝혀지면 합격이 취소될 가능성이 높다. 입학 지원서에는 부모의 진짜 학력을 적어야 한다.

보딩 스쿨 준비반 학원에 다니는 지인이 놀란 것은 이 부모의 학력란을 채우면서이다. 학부모의 학력을 보면 반 정도는 우리가 보통 알고 있는 좋은 대학을 나와 의사, 변호사 등 좋은 직장을 가진 사람들이다. 좋은 대학 나오고 좋은 직업을 가지고 있으니 돈도 많이 벌 것이고, 그러니 아이를 보딩 스쿨에 보내려 한다. 여기까지는 일반 상식에 부합한다. 놀라운 건 나머지 반이다.

지원서에 부모의 학력을 쓸 때 꼭 써야 하느냐고 묻고, 안 쓰면 안 되냐고 묻는 사람들이 있다. 어느 학교인지는 쓰지 않고 그냥 대학을 나왔다고만 하면 안 되느냐고도 한다. 여기에는 반드시 제대로 써야 한다고, 그러지 않으면 문제가 발생할 수 있다고 하면 그제야 학교를 이야기한다. 그런데 대학이긴 한데 지인이 살아오면서 거의 들어보지 못한 이름이다. 대학이 아니라 전문대를 나온 사람들도 많고, 심지어 고등학교만 졸업한 사람들도 많다. 그런 학부모가 반이다.

이런 학부모들은 학원 직원에게 신신당부를 한다. 자기 아이가 절대 알지 못하게 해달라, 미국에 제출하는 서류에만 적고, 바로 자료를 없애달라고 부탁을 한다. 보딩 스쿨에 지원하는 아이는 자기 부모가 어떤 대학을 나왔는지, 대학을 나오기는 했는지 알지 못한다. 아마 자식은 자기 부모가 좋은 대학을 나왔다고 알고 있을 것이다.

어쨌든 나의 지인이 놀란 건, 학벌이 좋은 것과 부자가 되는 게 큰 상관이 없다는 점이었다. 자녀를 보딩 스쿨에 보내고 미국 대학에 다니게 하려는 부모는 진짜 부자들이다. 그중에는 좋은 대학 나오고 좋은 직장 다니는 사람들도 물론 있지만, 학벌이라고 할 수도 없는 학교를 나오고도 부자가 된 사람들이 많았다. 이들의 직함은 보통 사장, 대표이사였다. 유명 기업 사장이 아니라, 이름도 들어본 적이 없는 회사의 사장들이 대부분이다. 지인은 그동안 좋은 대학을 나와 좋은 직업을 갖거나 좋은 회사에 다녀야 잘 살 수 있다고 생각해 왔다. 그런데 좋은 대학을 나오지 않아도, 좋은 직장, 좋은 회사가 아니더라도 충분히 부자가 될 수 있다는 것을 알게 되었다.

이 이야기를 듣다 보니 오래전 어떤 대학에서 있었던 일이 떠올랐다. 한 전문대에서 졸업생 동문회를 활성화하려 했다. 자기 대학 졸업생 중에서 소위 성공한 사람들에게 '자랑스러운 졸업생'이란 명예를 주고, 이들을 모아 동문회를 결성하려 한 것이다. 졸업 후 출세하거나 사업에 성공한 사람은 적지 않았다. 이들을 수소문해서 학교 명의로 우편물을 보냈다.

그런데 의외의 반응이 나왔다. 이런 걸 집으로 보내면 어떻게 하느냐고 난리가 난 것이다. 가족에게는 자기가 이 전문대를 나왔다는 걸 비밀로 하고 있다고 한다. 배우자도 모르는 경우가 있고, 배우자는 알더라도 최소한 자식들은 알지 못한다. 이 전문대를 나오기는 했지만, 그동안 다른 좋은 대학에 편입해서 졸업을 하거나, 최소한 좋은 대학의 최고경영자 과정 등을 수료해서 그 대학을 나왔다고 말하고 있었다. 그러니 '여기 졸업생이라고 이런 게 날라 오면 큰일 난다', '잘못하면 이혼당할 수도 있다' 하며 반발이 생긴 것이다. 결국 그 대학은 성공한 졸업생들을 모아 동문회를 활성화하려는 계획을 접었다.

이 졸업생들은 사회적으로 성공한 사람들이었다. 그런데 자기가 진짜 어느 대학을 나왔는지 이야기하지 않고 나중에 학력 세탁을 한 좋은 대학 출신이라는 것만 이야기했다. 그러니 일반 사람들, 특히 학생들은 좋은 대학을 나와야만 나중에 잘될 수 있다고 생각한다. 대학과 관계없이 성공하고 잘살게 된 사람들의 이야기가 잘 드러나지 않는다.

사회적 지위와 소득의 관계

미국 저널리스트 데이비드 브룩스David Brooks가 쓴 베스트셀러 『보보스Bobos』에서는 현대 사회의 특성 중 하나가 사회적 지위와 소득의 불균형이라고 했다. 일반적으로 사회적 지위가 높으면 돈도 많이 벌 것이라고 생각한다. 판사, 검사 등 법조인, 교수, 고위공무원 등 사회적 지위가 높은 사람들이 부자라고 본다. 그러나 현대 사회에서는 이런 사회적 지위와 소득이 비례관계가 아니다. 사회적 지위가 높은 사람들은 중산층은 될 수 있다. 하지만 정말로 돈을 많이 번 부자들은 이들이 아니다. 사업하는 사람들, 성공적인 자영업자가 진짜 돈이 많은 사람들이다.

한국의 직업별 소득을 보면, 의사, 변호사, 비행기 조종사, 회계사 등이 고소득 직업에 해당한다. 이런 직업을 가지고 성공하려면 학력이 좋아야 한다. 그래서 학벌이 좋아야 성공한다는 인식이 생긴다. 그러나 진짜 소득이 높은 사람들은 사업가들이다. 물론 모든 사업가들의 소득이 높은 것은 아니다. 하지만 성공적인 사업가들의 소득은 다른 직업보다 압도적으로 높다. 그리고 사업으로 돈 버는 일에는 학벌이 그리 중요하지 않다. 보딩 스쿨을 준비하는 학생들 학부모의 반은 학벌이 없는 사람들이다.

좋은 대학 나와서 대기업에 들어가면 돈을 많이 벌지 않을까? 대기업이 돈을 많이 버니, 대기업을 다니면 돈도 더 많이 받지 않을까? 그런데 세계적으로 유명한 투자가 피터 린치는 돈을 많이 버는 진짜 알짜 기업은 유명 대기업들이 아니라고 했다. 대기업이 돈을 많이 벌기는 하지만, 자본금, 직원 수 등을 고려하면 그리 큰 수익은 아니다. 진짜 수익은 사람들이 잘 찾지 않고 알려지지 않은 기업 중에 있다. 폐기물 처리업, 청소업, 장례 운영 기업 등은 멋있지 않고 지원자들이 몰려들지도 않는다. 하지만 사람들의 생활에 꼭 필요하고, 지속적으로 수요가 발생한다. 진짜 수익은 이런 사업에서 나온다. 이런 기업을 운영하는 사람들은 명문대 출신이 아니다. 명문대 출신들은 화려한 대기업만 지원하려 한다. 그러나 알짜 부자들은 이렇게 눈에 잘 띄지 않는 기업들에 있다. 피터 린치는 유명하고 화려한 대기업보다는 이런 기업들을 찾아 투자하라고 했다.

좋은 학교 나오고 좋은 직장을 가져야 돈을 많이 벌 수 있다고 생각하지 말자. 그런 사람들도 있지만, 학벌이 없고 보기에 좋지 않은 직업이지만 큰돈을 버는 경우도 충분히 많다. 학벌 위주의 한국 사회 특성상 이런 경우가 잘 드러나지 않을 뿐이다. 학벌은 중산층과는 연관이 있다. 하지만 큰돈과는 별 상관없다. 그게 보다 진실에 가깝다고 본다.

THE PSYCHOLOGY of BIG MONEY

07

돈을 더 벌면
더 건강해진다

돈이 중요할까, 건강이 중요할까? 당연히 건강이 훨씬 더 중요하다. 사람들은 아무리 돈이 많아도 건강을 잃은 사람은 부러워하지 않는다. 돈이 없어도 건강한 게 훨씬 더 낫다. 하지만 그렇다고 해서 돈은 무시하고 건강을 챙겨야 한다는 건 아니다. 건강해지려면 어떻게 해야 하는가. 건강한 삶에 영향을 주는 요소들은 몇 가지 발견되어 있다. 운동을 충분히 한 사람들이 보다 건강하다. 식생활이 좋은 사람이 더 건강하고, 잠을 잘 자고 스트레스가 적으면 보다 건강하다. 담배를 피우지 않고 술을 많이 마시지 않는 사람이 건강하다. 그런데 건강과 밀접한 관련이 있는 또 하나의 요소가 있다. 소득이 많을수록, 즉 돈이 많을수록 더 건강하다. 돈을 많이 버는 건 건강해지기 위한 또 하나의 방법이 될 수 있다.

소득과 수명의 상관관계

정윤선 가천의대 연구팀이 2024년 발표한 한국인의 소득별 건강 수명 조사가 있다. 여기에서는 큰 병에 걸리지 않고 건강하게 생활할 수 있는 나이를 기준으로 소득과 건강 간 관계를 살펴보았다. 전 국민들이 가입되어 있는 국민건강보험과 의료지원 프로그램 자료를 대상으로 했다. 소득 수준은 의료보험료를 기준으로 분류하고, 건강은 병원 치료 기록을 기준으로 살펴보았다.

이 조사 결과를 보면, 2020년에 건강 수명 평균은 남자는 69.43세, 여자는 73.98세였다. 실제 수명 평균은 남자 81.48세, 여자 87.39세이니, 남자는 평균 약 12년간 건강하지 않은 상태로 수명을 연장하고, 여자는 14년간 건강하지 못한 상태로 노년을 살고 있다.

소득을 5단계로 구분하여 소득별 건강 수명을 보면, 최고소득층의 건강 수명은 74.88세이고, 최저소득층의 건강 수명은 66.22세였다. 최고소득층이 최저소득층보다 8년을 더 건강하게 산다. 남녀를 구분해서 보면, 남자의 최고소득층 건강 수명은 73.09세, 남자 최저소득층의 건강 수명은 63.11세였다. 최고소득층은 최저소득층에 비해 건강 수명이 10년이 길었다. 여자도 마찬가지다. 여자 최고소득층 건강 수명은 76.23세였고, 최저소득층 건강 수명은 69.65세로 7년 차이가 났다. 소득이 많으면 더 오래 건강하게 살 수 있다.

이것만 보면 잘 살수록 더 오래 산다고 판단할 수 있다. 그런데 그렇게만 보기에는 어려운 점이 있다. 최고소득층의 건강 수명은 74.88세, 그다음 고소득층의 건강수명은 73.58세이다. 차이가 1년 있기는 한데, 그렇게 큰 차이로 보기는 어렵다. 중간소득층의 건강 수명은 73.15세로 고소득층과 별 차이가 없다. 그리고 4번째인 저소득층의 건강 수명은 72.12세이다. 소득이 더 많을수록 건강 수명이 늘어나는 건 사실이지만, 최고소득층과 저소득층간의 차이는 2년 정도다. 그런데 이 추세가 제일 가난한 최저소득층에서는 완전히 다르게 나타난다. 최저소득층의 건강 수명은 66.22세이다. 최고소득층과 고소득층의 차이는 1년, 고소득층과 저소득층과의 차이도 1년이었다. 그런데 저소득층과 최저소득층의 차이는 6년이나 된다. 다른 소득층에서는 소득에 따라 차이는 있지만 그 정도가 크지 않다. 하지만 최저소득층의 건강 수명은 확 떨어진다. 잘살면 더 오래 산다는 게 맞는 말이긴 한데, 그보다는 가난하면 오래 살기 힘들다가 더 적정한 표현이다.

이런 건강 수명의 차이는 실제 수명 차이로 이어진다. 남자 평균 수명은 81.48세인데, 최고소득층의 평균 수명은 85.12세, 최저소득층의 평균 수명은 75.54세로 10년 차이가 난다. 그런데 여기서도 최고소득층, 고소득층, 중간층, 저소득층의 간격은 크지 않다. 최고소득층과 저소득층 사이에는 3년 반 차이가 존재한다. 그런데 저소득층과 최저소득층간 차이는 무려 6년이다. 여자도 동일하다. 최고소득층의 평균 수명은 89.28세, 최저소득층의 평균 수명은 83.85세로 5년 반 차이다. 그런데 이 중에서 저소득층과 최저소득층간 차이가 4년이다. 제일 가난한 사람들이 가장 적게 산다.

수명만이 아니라 일반 건강 지표들도 소득별로 차이가 나타난다. 질병관리청이 발표하는 국민건강영양조사에는 소득별 국민건강도의 차이도 제시하고 있다. 국민소득을 5분위로 구분하여 국민의 소득별 건강 관련 지표들의 차이를 표시하고 있는데, 2023년 자료를 보면 소득에 따라 분명히 건강 지표들에 차이가 난다는 것을 알 수 있다. 우선 남자의 경우 고소득층은 60%가 정기적으로 유산소운동을 하고 있는데 비해 저소득층은 46.6% 정도이다. 고소득층이 14.4% 정도 운동을 더 많이 한다. 건강에 좋지 않다는 흡연, 음주를 살펴보면, 흡연율은 고소득층이 26.2%이고 저소득층은 39.2%이다. 소득이 높을수록 흡연율이 낮다. 또 음주 중에서도 중독성이 있는 고위험 음주율은 고소득층은 18.7%이고 저소득층은 22%이다.

여자의 경우도 마찬가지다. 유산소 운동의 경우 고소득층은 54.2%이었고 저소득층은 50%로 낮다. 흡연율은 고소득층은 3%, 저소득층은 10.8%이고, 비만 유병률을 보면 고소득층은 17.9%인데, 저소득층은 32.5%로 월등히 높다. 고혈압 유병률, 당뇨병 유병률 등 대부분의 건강 지표에서 고소득층일수록 더 양호하다.

그러면 이렇게 소득이 높을수록 건강 지표들이 더 좋은 게

2023년 만의 이야기냐 하면 그렇지 않다. 10여 년 전 자료에서도 고소득자들의 건강지표가 저소득자들보다 좋았다. 소득이 높아질수록 건강지표가 좋아지는 건 이전부터 원래 그랬다는 이야기다. 한국만이 아니라 다른 나라들도 마찬가지다.

소득이 많을수록 더 건강하다는 결과를 보고, 가난한 사람들에게 돈을 나눠주면 더 건강하게 되지 않을까라고 생각하지는 말자. 미국에서 실제 가난한 사람들에게 한 달에 1,000불(약 145만 원)씩 현금을 주었을 때 건강이 나아지는가에 대한 기본소득 실험이 이루어졌었다. 한 달에 1,000불이면 최저소득층이 저소득층, 중간층으로 살 수 있는 돈이다. 3년간 한 달에 1,000불씩 계속 주었는데, 그럼에도 불구하고 최저소득층의 건강 수준에는 별다른 변화가 없었다. 그래서 이 연구의 결론은 '최저소득층에게 돈을 더 준다고 더 건강하게 되지는 않는다. 돈을 주는 것 말고 다른 방법을 강구해야 한다'였다.

건강에 영향을 주는 요소

건강은 생활 습관, 먹거리 등과 밀접한 관련을 가진다. 그런 생활 습관, 환경을 개선해야 하는 것이지, 단순히 돈을 더 많이 준다고 건강하게 되는 건 아니었다. 소득이 많을수록 더 건강한 것은 그냥 돈이 많아서가 아니라, 생활 습관, 운동에 대한 태도, 주변 생활 환경 등이 더 낮기 때문이었다.

돈 자체보다 생활 습관과 주변 환경이 건강에 중요하다는 것을 보여주는 자료가 있다. 세스 스티븐스의 저서 『모두 거짓말을 한다』에는 미국의 소득별 수명 이야기가 나온다. 미국도 한국과 마찬가지로 극빈층의 기대수명이 가장 낮다. 그런데 같은 극빈층이라도 사는 곳이 어디냐에 따라 수명이 달라진다. 부자들이 많은 지역에 사는 극빈층이 극빈층 중에서 가장 오래 산다. 부자들이 많은 도시에 사는 극빈층이, 부자들이 거의 없는 지역에 사는 극빈층보다 더 오래 산다. 그 차이는 무려 5년이다. 부자들이 많은 지역의 극빈층은 보통 도시의 중산층만큼 오래 살 수 있다.

부자들은 이런 지역 차이가 발생하지 않는다. 어디에 살든 부자들의 평균 수명은 비슷했다. 하지만 가난한 사람들은 같은 저소득이라 하더라도 사는 장소에 따라 평균 수명이 달라졌다. 잘사는 지역에 사는 가난한 사람들이 더 오래 산다. 그 이유를 이 책에서는 '부유층의 생활 방식이 가난한 사람들에 전파되어서'라고 이야기한다. 부유층이 적으면 부자들의 생활 방식이 도시의 생활방식에 영향을 미치지 않는다. 하지만 부유층이 많으면 그 부유층의 생활방식이 도시의 환경에 영향을 미친다. 보다 깨끗한 환경을 만들고, 건강식을 중요하게 여기며, 운동을 하는 환경이 만들어진다. 그런 환경을 계속 접하다 보니 극빈층도 그런 생활방식을 모방하게 되고, 결국 극빈층이면서도 다른 지역의 극빈층보다 훨씬 더 건강하게 살게 된다.

그 과정이 어떻든 소득이 증가될수록 더 건강하게 살고 평균 수명이 길어지는 건 맞는 말이다. 그렇다면 돈을 버는 게 보다 건강해지는 수단 중 하나가 될 수 있다. 운동을 하고, 건전한 식생활을 하고, 술, 담배를 줄이면 건강할 확률이 높아진다. 이와 마찬가지로 돈을 더 버는 것도 건강할 확률을 높이는 방법이다. 건강하게 살기 위해 돈을 벌자는 게 우습게 보일 수 있지만, 돈이 더 많으면 건강하게 살 가능성이 더 커지는 건 분명한 사실이다.

THE PSYCHOLOGY of BIG MONEY

08

부자들이 강남 아파트
월세 사는 이유

투자로 큰돈을 번 A가 있다. A는 작년 세금을 거의 10억 원 가까이 내야 했다. 액수가 크다 보니 한 번에 내지 않고 최대 10년까지 분납할 수 있다. 하지만 이렇게 나눠 낼 경우 그에 대한 이자를 지불해야 한다. 연 3%대의 이자가 추가된다.

A는 10년 분납을 신청했다. 1년에 1억 원 정도씩 10년간 낸다. 이자가 여기에 추가되는데, 이자 총액만도 약 2억 원 가까이 된다. 그런데 A 주변 사람들은 A의 결정을 이해하지 못했다. A가 당장 세금을 낼 돈이 없으면 이자를 부담하더라도 분납해야 한다. 하지만 A는 지금 세금을 낼 돈이 있다. 그런데 왜 아까운 이자를 부담하면서 일부러 분납을 하려 하는가. 주변 사람들은 돈이 있는데도 일부러 3% 대의 이자를 부담하려 하는 A를 의아해했다.

마찬가지로 투자로 돈을 번 B가 있다. B는 강남 아파트에 월세를 살고 있다. 월세가 한 달에 몇백만 원이 넘는다. 주변 사람들은 B의 선택도 잘 이해하지 못한다. 집을 살 돈이 없어서 월세를 산다면 이해할 수 있다. 하지만 B는 지금 월세 살고 있는 아파트를 살 수 있는 돈이 있다. 은행에서 대출을 전혀 받지 않고서도 그 아파트를 살 수 있을 정도의 금융자산을 가지고 있다. 그럼에도 불구하고 B는 아파트를 사지 않고 그냥 월세로 살고 있다. 집을 사지 않으면 최소한 전세로 살아도 될 텐데, 전세도 시도하지 않는다. 매달 몇백만 원의 돈을 아깝게 월세로 지불하며 산다. B의 부모는 계속 B에게 월세로 살지 말고 집을 사라고 충고하지만, B는 귀 기울여 듣지 않는다.

돈으로 돈을 버는 선택

A, B의 주변 사람들은 A, B의 선택을 잘 이해하지 못한다. 하지만 난 A, B의 선택을 이해한다. 나라도 A, B와 같이 할 것이다. 돈이 있으면서 3% 이자를 일부러 내는 선택을 하고, 돈이 있어도 월세로 산다. 돈의 속성을 아는 사람, 특히 투자자는 A나 B 같은 선택을 하는 게 맞다. 그래야 점점 더 부자가 될 수 있다.

돈과 관련해서 가장 중요한 능력은 뭘까? 일해서 돈을 버는 능력, 돈을 관리 보전하는 능력도 중요하지만, 일단 가장 중요한 건 돈을 늘리는 능력이다. 돈을 기반으로 돈을 더 늘리는 능력이 가장 핵심이다.

성경 마태복음 25장에는 유명한 달란트 비유가 서술되어 있다. 어떤 사람이 다른 나라에 가면서 자기 하인 3명에게 각각 금 5달란트, 2달란트, 1달란트를 맡겼다. 금 5달란트, 2달란트를 받은 사람은 그 돈으로 장사 등을 하여 돈을 불렸다. 그런데 1달란트를 받은 사람은 그 돈을 고이 가지고만 있다가 그대로 주인에게 돌려주었다. 주인은 돈을 불린 하인에게는 '잘하였도다. 착하고 충성된 종아, 네가 적은 일에 충성하였으매 내가 많은 것을 네게 맡기리니 네 주인의 즐거움에 참여할지어다'라고 한다. 그리고 그대로 돈을 보관만 한 하인에게는 '악하고 게으른 종아. 나는 심지 않은 데서 거두고 헤치지 않은 데서 모으는 줄로 네가 알았느냐'라면서 그에게 1달란트를 빼앗아 10달란트를 가진 자에게 준다. 이 달란트 비유의 의미가 무엇이냐에 대해서는 이런저런 말들이 많다. 하지만 확실한 건, 이 이야기 속에서는 돈을 잃지 않고 관리하는 것보다는 돈으로 돈을 버는 걸 훨씬 가치 있게 보고 있다는 점이다. 돈으로 돈을 버는 능력, 그게 인간 사회에서 잘살기 위해 필요한 능력 중 하나이고, 부자가 점점 더 부자가 되는 근본적인 이유이다.

1억 원의 현금이 있다고 하자. 이 돈을 1년 동안 얼마까지 불릴 수 있을까? 당장 내년까지가 아니더라도, 앞으로 5년 동안 평균 어느 정도의 수익률을 낼 수 있을까?

기준점이 3개가 있다. ① 물가 상승률(연 2~3% 정도) 이하의 수익률, ② 물가 상승률-금융권 대출 이자율(연 5~7% 정도) 사이의 수익률, ③ 대출 이자율 이상의 수익률이다.

첫째, 물가 상승률 이하의 수익률을 내는 경우이다. 연 1~2%로 돈을 불리기는 쉽다. 은행에 예금을 해두면 된다. 하지만 물가 상승률이 연 2~3% 정도 된다. 3% 이하로 돈을 불리면 물가 상승률 때문에 실질적으로는 돈을 잃는 것이다. 이 정도 수익률을 올린다면 시간이 지나면 지날수록 실질 자산은 줄어들 것이다. 이런 사람이 돈을 벌고 재산을 늘리기 위해서는 일을 해서 버는 수밖에 없다. 그런데 나이가 들면 노동으로 돈을 버는 것은 점점 어려워진다. 결국 어느 순간 노동 수입이 없어지면 그때부터는 재산이 줄어들기 시작한다. 이런 경우는 설사 한때 부자가 되었다 해도 계속 부자로 남기는 어렵다. 부자가 점점 더 부자가 되는 경우도 없을 것이다.

둘째, 물가 상승률보다는 높지만, 대출 이자율보다는 낮은 수익률을 올리는 경우이다. 이때는 실질 자산 규모가 줄지는 않고 조금씩 늘어난다. 하지만 자기 돈만 가지고 늘릴 수 있다. 은행 대출을 받아 투자를 하거나 다른 사람의 돈을 이용하지는 못할 것이다. 돈은 조금씩만 늘어나는데, 생활비 등으로 돈을 빼거나 하면 실제 돈이 늘어나지는 못한다. 부자로 남을 수는 있지만, 점점 더 큰 부자가 되기는 힘들다.

셋째, 대출 이자율 이상의 수익률을 올릴 수 있는 경우이다. 이때는 돈을 빌린 이자를 지급하고도 수익이 난다. 그러면 대출을 받거나 다른 사람의 돈을 빌리는 등 소위 레버리지 효과를 이용해서 돈을 벌 수 있다. 이러면 정말로 돈으로 돈을 버는 단계가 된다. 부자가 점점 더 부자가 된다.

A는 지금 당장 모든 세금을 낼 수 있지만, 연 3% 대의 이자를 부담하면서 10년간 나눠 내기로 했다. A가 연 3%의 수익을 내지 못한다면 이건 잘못된 결정이다. 이자를 부담하지 않고 빨리 내는 게 맞다. 하지만 A가 그동안 계속해서 연 3% 이상의 수익을 내왔다면 A의 결정은 맞다. 돈을 운용하면서 3% 이상의 수익을 얻고, 그 수익금으로 이자를 내면 A에게 더 이익이다. A의 주변 사람들은 연 3% 이상의 수익을 자신할 수 없기에 지금 당장 세금을 내는 게 낫다고 생각하는 것이고, 연 3% 이상 수익을 얻을 자신이 있는 A는 세금을 늦게 내는 게 나은 것이다.

B는 아파트를 살 수 있는 충분한 현금이 있는데도 월세로 산다. 한국에서 아파트 월세는 보증금까지 고려했을 때 연 3~5% 수준이다. 자금을 운용해서 이 정도 수익을 얻을 수 없다면 월세로 살지 않고 아파트를 사는 게 맞다. 하지만 5% 이상의 수익을 얻을 수 있다면 월세를 살면서 돈을 운용하는 게 정답이다. 아파트를 사두면 아파트 가격이 올라 수익이 생길 것이니, 그래도 아파트를 사는 게 맞지 않을까? 지난 30년간 서울 아파트 가격 평균 상승률은 연 7% 정도이다. 장기적으로 연 7% 수익을 올릴 수 없다면 아파트를 사는 게 맞고, 그 이상 수익률에 자신 있으면 안 사는 게 맞다. 그래도 서울 강남 아파트는 무조건 사두는 게 이익 아닐까? 강

남 아파트는 다른 지역보다 훨씬 많이 올라 30년간 연 10% 상승
이다. 연 10% 수익을 올릴 수 없다면 강남 아파트를 사는 게 좋고,
연 10% 이상 수익을 올릴 수 있으면 역시 그냥 월세 사는 게 답이
다. 투자로 연 10% 이상의 수익을 얻어온 B는 강남 아파트를 살
수 있어도 사지 않는다. 그게 본인에게 더 큰 이익이기 때문이다.

돈이 늘어나는 원리

현대 자본주의 사회는 부자가 점점 더 부자가 된다고 한다. 하지
만 이건 사실이 아니다. 돈을 사용해서 대출 이자율 이상의 수익
률을 올릴 수 있는 사람은 점점 더 부자가 된다. 하지만 아무리 지
금 부자라도 돈을 사용해서 물가 상승률만큼의 수익률을 올릴 수
없는 사람이라면 재산은 감소한다. 물가 상승률에서 대출 이자율
사이의 수익률만 올릴 수 있다면 재산은 유지하겠지만 점점 더 부
자가 되지는 못한다.

　여기서 돈을 사용해서 돈을 번다는 건 꼭 주식 투자, 부동산
투자 등만 이야기하는 건 아니다. 돈을 자본금으로 이용해서 사업
으로 돈을 불리는 것도 포함이다. 어떤 식으로든 돈을 활용해서 더
큰 돈을 만들어낼 수 있는 능력이 있느냐가 중요하다. 이건 자본주
의 사회냐 아니냐도 상관없다. 이런 능력이 있는 사람은 자본주의
가 아니라 과거 봉건사회, 조선 사회에서도 부자가 될 수 있었다.

　스스로에게 물어보자. 1억 원이 있을 때, 난 이 돈으로 연간 몇 퍼센트로 돈을 불릴 수 있는가. 20%라면 워런 버핏 수준의 세계적인 부자가 될 수 있다. 10%만 되어도 한국에서 최고 부유층이 될 수 있고, 5%만 넘어도 충분히 부자 소리를 들을 수 있을 것이다. 점점 더 돈이 늘어나는 부자가 되기 위해 필요한 건 이 능력이고, 이런 능력만 갖추면 점점 더 큰 부자가 될 수 있다.

THE PSYCHOLOGY of BIG MONEY

09

부자들의 생활 습관과 생각

하나금융경영연구소에서는 매년 대한민국 웰스 리포트를 발간하고 있다. 한국 부자들의 투자 실태 등에 대한 보고서로, 그 세부 내용은 해마다 다르다. 2024년 보고서는 부자들의 생활 습관이나 사고방식 등에 초점을 맞추었다. 그 내용을 보다 보니 공감할 수 있는 내용, 시사점을 주는 사항들이 있다. 그 몇 가지를 살펴보자.

일단 이 보고서에서 부자는 금융자산을 10억 이상 보유하고 있는 사람들로 보았다. 어떤 사람이 부자인가에 대한 논란은 있을 수 있는데, 금융 기관은 부동산만 보유한 사람보다는 현금 등 금융자산을 가진 사람이 주요 고객이다. 그래서 보통 금융 기관은 금융자산 10억 원 이상을 보유하고 있는 사람을 부자로 규정한다. 2024년 웰스 리포트는 부자 736명을 대상으로 설문조사 등을 실시했다. 그리고 현금 1억 원 이하를 보유한 일반 대중 712명에게도 같은 설문 조사를 했다. 이러면 부자와 일반 대중과의 차이를 파악할 수 있다.

부자의 생활 습관

먼저 생활 습관 측면에서 부자와 일반 대중 사이에 어떤 차이가 있는지 보자. 매일 오전에 보통 사람들이 하는 일로는 식사하기, 청소 등 집안일하기, 음악 듣기 등이 있다. 이런 일은 부자들도 비슷한 비율로 했다. 아이들 돌보기, 기도나 명상하기 등을 하는 비율도 보통 사람들이나 부자들이나 비슷했다. 부자와 일반 대중 사이에 큰 차이가 나는 것은 종이신문이나 뉴스 보기, 독서, 하루 일 계획하기 등이었다. 부자들은 종이신문/뉴스를 본다는 비율이 33%였고, 독서한다는 비율은 12%였다. 일반 대중은 종이신문/뉴스를 보는 비율이 18%였고, 독서 비율은 7%였다. 부자들의 종이신문/뉴스, 독서 비율이 거의 두 배 가까이 높다. 부자들이 훨씬 많이 읽고 있었다.

이걸 보고 부자 중에서는 나이 많은 사람들이 많으니, 인터넷에 익숙하지 않고 옛날에 해오던 대로 그냥 종이신문을 읽고 있는 거라고 생각하지는 말자. 나는 인터넷에 친숙하지 않을 정도로 나이가 들지는 않았다. 하지만 종이신문 5개를 구독해 보고 있다. 인터넷에 엄청난 자료들이 깔려 있다는 건 잘 알고 있지만, 내가 정보를 인지하고 받아들이는 데는 종이신문이 훨씬 유용하다.

재미있는 건 어떤 분야를 읽느냐이다. 신문/뉴스의 경우, 부자들과 일반 대중 간 읽는 분야에서 크게 차이가 나타나는 부분이 있었다. 부자들은 경제 뉴스를 많이 본다. 비중이 50%나 된다. 그런데 일반 대중은 경제 뉴스를 보는 비율이 26%이다. 이는 정치, 사회, 스포츠, 연예 등보다 훨씬 높은 비중이니 일반 대중도 경제 뉴스를 많이 보는 편이다. 하지만 부자들이 경제 뉴스를 일반 대중보다 2배는 더 보았다.

정치, 문화, 사회, 국제 등은 부자나 일반 대중이나 비슷하다. 그런데 일반 대중이 부자들보다 월등히 더 많이 보는 분야가 있었다. 연예/스포츠 분야이다. 부자들은 연예/스포츠 분야를 보는 비중이 7%였다. 이에 비해 일반 대중은 연예/스포츠 분야를 보는 비중이 17%였다. 2.5배 정도 차이가 나는데, 일반 대중은 연예/스포츠에 대한 관심이 부자들보다 압도적으로 높았다.

책 읽기도 부자와 일반 대중 사이에 차이가 크게 나타나는 분야였다. 부자는 1년에 평균 10권 정도의 책을 읽었고, 일반 대중은 6권의 책을 읽었다. 부자들이 절대적으로 많은 양을 읽는다고 보기는 힘들지만, 어쨌든 일반 대중보다 2배 정도 많은 책을 읽고 있었다. 그런데 어떤 분야의 책을 읽느냐와 관련해서도 차이가 나타났다.

부자들이 더 많이 읽는 분야는 인문사회, 경제경영 책이었다.

인문사회는 20.5%, 경제경영은 14.8% 비중이었다. 그리고 일반 대중은 인문사회 12%, 경제경영 10%였다. 일반 대중이 부자들보다 더 많이 읽는 분야도 있다. 소설, 자기계발서, 그리고 만화이다. 일반 대중은 소설 비중이 25.6%로 독서에서 가장 높은 비중을 차지했다. 부자들은 19.6%였다. 만화의 경우 부자는 0.4%였고, 일반 대중은 4.3%였다. 일반 대중은 부자들보다 만화를 보는 비율이 10배 정도 높았다.

또 자기계발 서적을 보면, 일반 대중은 22.5% 비중인데 부자들은 15.6% 비율로 일반 대중이 자기계발 책에 더 많은 관심을 가지고 있었다. 그런데 이걸 가지고 부자들은 자기계발에 관심이 덜하다고 생각하거나, 또는 자기계발서를 읽는 게 부자 되는 것과 상관없다고 보지는 말자. 나의 경우 이전에는 자기계발 서적을 굉장히 많이 읽었다. 하지만 최근에는 자기계발 책을 보는 경우가 굉장히 드물어졌다. 그 이유는 대부분의 자기계발서에서 제시하는 목표가 더 이상 나에게 맞지 않기 때문이다. 자기계발서들은 '1억 원 모으기', '10억 부자가 될 수 있는 방법', '강남에 집 사기', '이렇게 하면 일하지 않고 살아가는 경제적 자유를 얻을 수 있다' 등을 목표로 제시하는 경우가 많다. 이런 책들은 부자가 되기 전, 그러니까 1억, 10억, 강남 집을 얻기 전에는 도움이 될 수 있다. 하지만 부자가 된 다음에는 더 이상 필요가 없다. 부자가 되고 나서 필요한 건 1,000억 벌기, 포춘에 실리는 부자 되기 등인데, 이런 걸 제시하는 자기계발서는 없다. 자연히 부자는 자기계발서를 이전보다, 즉 부자가 되기 전보다 잘 안 읽게 된다. 자기계발시 자체가 의미가 없는 건 아니라고 본다.

또 하루 일을 계획하는 플래닝, 아침 운동도 부자들과 일반 대중 사이에 차이가 컸다. 플래닝을 하는 부자는 14%였고, 일반 대중은 8%였다. 아침 운동은 부자는 30%, 일반 대중은 16%로 부자들의 수치가 2배 정도 높았다.

부자들은 돈만 안다?

돈과 관련된 생각을 살펴보면, '돈이 가장 중요하다, 돈이 삶의 전부이다, 돈이 살아가는 원동력이다' 등 돈의 중요성과 관련한 설문에서 일반 대중이 이런 명제에 찬성한 경우는 각각 5.3%, 5%, 1.7%였다. 그런데 부자들의 경우, 같은 질문에 대한 응답은 1.5%, 2.4%, 0.6%였다. 돈이 전부라고 생각하는 사람들은 부자들보다는 일반 대중 사이에서 훨씬 더 많았다. 그러니 부자들은 돈만 안다고 비판하는 건 맞지 않았다.

가족 관계에 대해 만족하는 비율도 부자와 일반 대중 사이에 차이가 컸다. 가족 관계에 대한 만족도는 일반 대중은 54.1%, 부자는 72.7%였다. 1주에 가족과 같이 식사하는 횟수를 보면, 부자는 '거의 매일'이 41%, '거의 없다'가 9.4%였는데, 일반 대중은 '거의 매일'이 35.1%, '거의 없다'가 17.6%였다. 가족과 식사하는 비율이 부자들이 훨씬 높았다. 부자들은 가족들이 서로 다투고 사이가 안 좋을 거라는 편견도 사실이 아니었다.

전반적인 삶의 만족도를 보면, 부자는 69.8%, 일반 대중은 34.9%가 만족한다고 했다. 부자들이 자기 삶에 더 만족하고 있었다. 부자이면서 삶에 만족하지 못하는 사람이 30%나 되니, 부자가 된다고 해서 꼭 행복한 건 아니라고 할 수 있다. 하지만 일반 대중보다는 부자들이 더 삶에 만족해했다.

심리 측면에서도 재미있는 점들이 있었다. 자기 성격에 대한 평가 부문에서, 정직성, 끈기, 믿음성, 이타성 등은 부자나 일반 대중이나 별 차이가 없었다. 심리 측면에서 큰 차이가 난건 목표 지향성, 감성적, 착함 등이었다. 가장 큰 차이는 목표지향성이었다. 일반 대중은 자기가 목표지향적이라고 응답한 비율이 21%였는데, 부자는 55.6%였다. 부자의 가장 큰 심리적 특성이 바로 목표지향적이라 할 수 있었다. 일반 대중이 부자들보다 훨씬 높은 응답을 보인 항목도 있었다. 바로 착함과 감성적이라는 부문이다. 부자는 이 부분에서 둘 다 11.1%였는데, 일반 대중은 28.2%, 27.4%로 월등히 높았다. 일반 대중은 자기 스스로를 착한 사람이고 감성적인 사람이라고 규정짓는 경우가 많았다. 부자는 자기를 착한 사람이라고 보는 경우가 적었고, 대신 목표지향적이라고 보았다. 무언가를 달성하기 위해서는 이런 사고방식이 필요할 것이다.

여기에서 제시하고 있는 부자와 일반 대중의 차이가 반드시 맞는 이야기는 아닐 것이다. 설문조사는 항상 오류가 있고 절대적

진리라고 볼 수 없다. 하지만 부자와 일반 대중 사이에 큰 차이가 있는 부분은 나름대로 시사점을 줄 수 있다고 본다. 최소한 부자는 불행하다거나, 돈만 안다거나, 가족 관계가 안 좋을 거라는 오해, 또 이런 나쁜 점들이 있기 때문에 나는 부자가 되지 않겠다라는 식의 생각은 하지 않을 수 있을 것이다.

자본주의 사회 한국에서 산다는 건

THE PSYCHOLOGY of BIG MONEY

01

횡재가 아니고는
부자가 될 수 없다

『석시현문^{昔時賢文}』이란 책이 있다. 『고금현문^{古今賢文}』이라고도 한다. 중국 명나라 말기에 만들어진 명언집으로 명, 청 시기에 교육용 필독서로 유행했다. 『명심보감』, 『채근담』과 더불어 3대 계몽 처세서라고도 불린다. 『석시현문』을 읽다가 다음의 구절을 발견했다.

"사람은 횡재가 아니고는 부자가 될 수 없다."

부자가 되는 건 횡재, 즉 운이 결정적이라는 이야기이다. 바로 공감이 갔다. 이게 진실이겠다는 생각도 들었다.

가끔 사람들이 나에게 물어본다. 어떻게 하면 큰돈을 벌 수 있나, 어떻게 하면 10억 원 이상의 돈을 벌 수 있나 하는 질문이다. 사실 이런 질문에 어떻게 대답해야 할지 막막하다. 어떻게 하면 몇억 원의 돈을 벌 수 있는지 설명할 수가 없다. 나도 모른다.

나는 교수였다. 10년 넘게 교수를 했다. 그 정도 시간을 들여 뭔가 경험을 했으면 그 분야에 대해 다른 사람에게 설명할 수 있을 만큼은 알게 된다. 누군가가 교수가 되려면 어떻게 해야 하느냐고 묻는다면 나는 교수가 되려면 이런저런 조건이 필요하고, 이렇게 저렇게 해야 한다고 설명해 줄 수 있다. 어느 정도 논문 실적이 있어야 하는지, 어떤 절차를 거쳐 교수로 임용될 수 있는지, 그리고 채용 과정에서 어떤 일이 발생할 수 있는지도 이야기해 줄 수 있다.

논문도 10년 넘게 써왔으니 누가 어떻게 논문을 쓰면 학술지에 게재할 수 있는 건지 물어보면 자세히 이야기해 줄 수 있다. 논문을 보면 이게 학술지에 게재될 수 있는지 아닌지 판단할 수 있고, 학술지에 게재되더라도 어떤 수준의 학술지에 실릴 수 있는지도 말해줄 수 있다. 어떤 점을 보완해야 하는지도 이야기해 줄 수 있고, 학술지에 기고했을 때 어떤 과정을 겪게 되는지도 말해줄 수 있다.

뭔가를 안다는 건 그런 거다. 그 길을 이야기해 줄 수 있어야 한다. 설악산을 한두 번 오르고 나면 다른 사람에게 이렇게 저렇게 하면 설악산을 오를 수 있다고 알려줄 수 있다. 설악산에 오르는 길은 굉장히 많고, 내가 그 모든 길을 다 알지는 못한다. 하지만 내가 올라간 길 하나만 알아도 어쨌든 설악산 오르는 방법을 설명해 줄 수 있고, 상대방은 나의 조언에 따라 설악산에 오를 수 있다.

돈을 버는 방법을 설명할 수 있을까?

다른 사람들이 나에게 어떻게 하면 큰돈을 벌 수 있는지 묻는다. 사람들은 내가 그런 경험을 했다는 것을 알고 그 길을 가르쳐 달라고 한다. 난 분명 그 길을 걸었다. 투자를 시작한 지 10년이 훨씬 넘었고, 그 사이 실적도 있다. 어쩌다 한 번의 실적이 아니다. 난 투자에서 두 배, 그러니까 100% 이상 수익을 올린 적이 굉장히 많다. 두 배 수익은 특별한 일도 아니라서 몇 번이나 있었는지 따로 계산하지도 않는다. 10배 이상 수익이 난 경우, 소위 '텐버거'도 5번은 된다. 수익률이 아니라 금액으로 계산해도, 10억 이상의 수익을 낸 경험도 몇 번이나 있다. 그 정도 경험을 했으면 다른 사람에게 설명할 수 있어야 한다. 이렇게 저렇게 하면 큰돈을 벌 수 있다라고 말할 수 있어야 한다. 그런데 설명할 수가 없다.

내가 설명력이 떨어져서 이야기할 수 없는 게 아니다. 난 가르치는 일을 10년 넘게 했다. 모르는 것도 가르쳐왔는데, 내가 직접 몇 번이나 경험한 일을 설명할 수 없을 리가 없다. 이건 설악산을 몇십 번 오른 사람에게 설악산을 어떻게 오르느냐고 물어봤는데, 모르겠다고 대답하는 것처럼 말이 안 되는 이야기이다. 일반적 상식으로는 말이 안 되기는 한데, 그런데 모르겠는 걸 어떻게 하나. 내가 말할 수 있는 건 이러저러하면 돈을 벌 확률이 높아진다는 정도이다. 이렇게 하면 큰돈을 벌 수 있다고 자신 있게 말할 수 있는 건 없다.

이런 경험을 하고 나니 '사람은 횡재가 아니고는 부자가 될 수 없다'는 『석시현문』의 글에 강하게 공감이 간다. 큰돈을 버는 건 횡재, 즉 재수, 운이다. 이러면 내가 왜 큰돈 버는 법을 설명하지 못하는지 이해할 수 있다.

내가 주사위를 던져 6이 굉장히 많이 나왔다고 하자. 그래서 다른 사람들이 나에게 어떻게 하면 주사위 6이 나오게 할 수 있느냐고 묻는다. 그러면 내가 뭐라고 답할 수 있겠나. "6번 던지면 1번 정도 6이 나올 수 있다"라고만 말할 수 있을 뿐이다. 6이 많이 나오게 하는 비법 같은 건 없다. 주사위 던지기에 법칙이 있거나 특별한 기술이 있다면 그런 비법을 발견해서 다른 사람에게 말해줄 수도 있을 것이다. 하지만 주사위 던지기는 기술이 아니다. 그냥 재수, 운일 뿐이다. 그러니 말해줄 수 있는 것도 없다.

그래도 큰돈 벌기와 주사위의 조금 다른 점은, 큰돈 벌기가 주사위보다는 경마와 비슷하다는 점이다. 경마에서 10마리의 말이 뛴다고 할 때, 어떤 말이 1등으로 들어올 확률은 1/10이 아니다. 10마리의 말은 같은 실력이 아니기 때문이다. 잘 달리는 말이 있고 중간인 말이 있고 못 달리는 말이 있다. 그걸 가려내서 잘 달리는 말에만 베팅을 하면 좀 확률이 높아질 수 있다. 그러나 그렇다고 확실한 건 아니다. 잘 달리는 말은 여러 마리이고, 그중에서 어떤 말이 1등 할지는 여전히 운이 중요한 미지의 영역이다. 단지 모든 말 중에서 무작위로 고르는 것보다는 확률이 좀 더 높아질 뿐이다.

『석시현문』의 말대로 부자가 되기 위해 운, 횡재가 중요하다면, 우리가 할 수 있는 일은 정해져 있다. 횡재할 수 있는 경우의 수를 늘리는 것이다. 주사위를 많이 던지면 6을 더 많이 얻을 수 있다. 좋은 말에 많이 베팅하면 경마에서 이익을 얻을 수 있다. 그냥 직장에서 시키는 일만 하면 횡재할 일도 없다. 뭔가 스스로 일을 벌이고 계속 시도해야 횡재할 가능성이 높아진다. 월급을 받고 저축만 하면 횡재할 일이 없다. 주식을 사거나 부동산을 사거나 뭔가 자산이 많이 있어야 횡재할 일도 생긴다. 시간당 임금을 받는 일만 하면, 아무리 열심히 일을 해도 1년에 벌 수 있는 돈이 정해져 있다. 시간당 임금이 아니라 성과에 따라 수입이 증가하는 일을 해야 횡재할 가능성이 생긴다. 로또, 복권 등을 사지 않으면 횡재할 일도 없다. 코인 시장이 문제가 많다고 아예 접근하지 않으면 횡재할 일도 없다. 굉장히 확률이 낮기는 하지만, 그래도 어쨌든 로또, 복권, 코인 등이 있어야 횡재할 가능성이 생긴다.

이건 6면체 주사위 던지기가 아니다. 100면체 주사위, 1,000면체 주사위 던지기다. 이 많은 경우의 수 중에서 언제 횡재가 떨어질지 기약할 수도 없다. 빨리 횡재가 올 수도 있고, 끝까지 안 올 수도 있다. 단지 횡재가 언젠가는 오겠지라면서 끝없이 계속해서 주사위를 던질 수밖에 없다. 부자가 되기 위한 확실한 방법은 아니다. 단지 계속 던지다 보면 확률이 높아진다고 말할 수만 있을 뿐이다.

확실하지도 않은데 그런 낮은 확률에 기대어 계속 뭔가 시도하고 주사위를 던지는 건 바보 같은 일 아닌가? 바보 같은 일이기는 하다. 그런데 중국 옌롄커의 유명한 소설 『인민을 위해 복무하라』에는 이런 말이 나온다.

'천 번을 말하고 만 번을 말해도 인생의 궁극적인 목적은 결국 잘사는 거야. 노동자 가정에서 태어난 사병들은 모두 간부로 신분 상승하길 원하고, 간부 가정에서 태어난 사람은 중간층 간부로 신분상승하길 원하지. 또한 농민 가정에서 태어난 사람은 자신과 가족이 모두 도시인이 되길 원하네. 한 개인에게 이런 목표는 결코 큰 것이 아니지. 하지만 때로는 이것을 실현하기 위해 일생의 정력을 바쳐야 할 수도 있어.'

횡재가 뜻하는 바

지금보다 더 잘사는 건 간단해 보여도 일생의 정력을 바쳐야 하는 일이다. 그런데 큰돈을 벌고 부자가 되는 건 그냥 더 잘사는 게 아니라 훨씬 더 잘사는 길이다. 일생의 정력을 바치는 것만이 아니라, 바보 같은 짓이라도 해야 하는 일일 수 있다.

큰돈을 벌기 위해서는 운에 기대지 않고 안전하고 확실한 길만 가서는 곤란하다. 그건 기술과 법칙의 길인데, 큰돈은 거기서 나오지 않는다. 큰돈은 횡재에서 나온다. 큰돈을 바라면 횡재 가능성이 있는 일을 많이 해야 한다. '이 일이 잘되면 큰돈을 벌 수 있다'고 여겨지는 일을 많이 벌여야 한다. 그러다 운 좋게 주사위가 맞으면 부자가 되는 것이고, 끝까지 운이 맞아떨어지지 않으면 결국 부자가 되지 못한다. 결과는 하늘에 맡기고 그냥 계속 주사위를 던질 수밖에 없다. 헛짓일 수 있지만, 그래도 주사위를 던지지 않으면 횡재는 오지 않는다. 큰돈을 벌기 위해서는 가야만 하는 길이다. 그게 '사람은 횡재가 아니고는 부자가 될 수 없다'는 『석시현문』의 글에서 얻을 수 있는 시사점일 것이다.

THE PSYCHOLOGY of BIG MONEY

02

돈만 아는 사회

에피소드 1

많은 사람에게 인생작이라는 평가를 받고 있는 드라마 《나의 아저씨》에는 이런 장면이 나온다. 여주인공 이지안(이지은 분)은 장애 있는 할머니의 병원비와 생활비를 벌기 위해 하루 종일 아르바이트만 하며 지낸다. 이때 이지안이 임시직으로 다니는 회사의 박동훈 부장(이선균 역)과 전철 안에서 만나 대화한다.

박동훈 : 왜 할머니를 네가 모셔? 요양원에 안 모시고.

이지안 : 쫓겨났어요. 돈을 못 내서.

박동훈 : 손녀는 부양의무자 아냐. 장애 있고 자식이 없으면 무료

로 들어갈 수 있는데 왜 돈을 못 내서 쫓겨나? 혹시 할머니와 주소지 같이 되어있니?

그리고 박동훈은 이지안에게 할머니와 주소지를 따로 하라고 설명을 해준다. 그러면 요양원에 무료로 들어가서 생활할 수 있을 거라고.

드라마에서 박동훈이 이지안에게 실질적인 도움을 주고, 그래서 이지안이 박동훈을 긍정적으로 보게 되는 계기가 되는 장면이다. 그런데 여기에는 한국 복지 제도의 맹점이 나온다. 할머니가 손녀와 같이 지내면 지원금이 나오지 않고, 할머니와 손녀가 따로 살면 지원금이 나온다. 손자 손녀가 할아버지 할머니와 같은 집에 살면서 돌봐주면 국가 지원이 없다. 대신 손자 손녀가 할아버지, 할머니를 돌보지 않고 손을 떼겠다고 하면 국가가 지원금을 준다. 즉, 손자 손녀가 착하면 지원하지 않고, 손자 손녀가 싸가지가 없으면 지원하는 것이다. 이 지원 제도는 가족이 서로 화목하도록 도와주는 제도일까, 아니면 가족을 찢어지게 유도하는 제도일까?

에피소드 2

지인이 자기 주변의 어떤 사람에 대해 이야기해 주었다. 그 사람은 아파트가 있는데 위장 이혼을 했다. 이혼을 하고 집을 아내 명의로 돌리니 본인은 공식적으로 무주택자가 되었다. 그래서 아파트 청약을 할 수 있었고, 성공적으로 분양을 받았다.

지인은 이런 식으로 아파트를 분양받는 건 부조리하다고 비판을 했다. 위장 이혼을 하면 나중에 진짜 이혼할 가능성이 높다며 위장 이혼의 문제점에 관해서도 이야기했다. 그런데 어쨌든 위장 이혼이든 진짜 이혼이든, 이혼을 하면 새로 아파트를 분양받을 가능성이 높아지는 건 사실이다. 현재 우리나라 제도가 그렇게 되어 있다. 결혼을 유지할 때보다 이혼을 할 때 이로운 점이 많다.

대표적인 것이 다주택자 규제이다. 다주택자이면 세금이 많이 나온다. 그런데 다주택자 세금을 확 줄일 수 있는 방법이 있다. 이혼하는 것이다. 1가구 2주택자는 이혼을 하면 각각 1가구 1주택자가 되어 다주택자 규제에서 완전히 벗어난다. 1가구 4주택자는 엄청난 세금을 내야 하지만 이혼을 해서 각각 1가구 2주택자가 되면 세금이 대폭 감소한다. 위장 이혼을 하면 큰돈을 절약할 수 있다.

사회 규범상 위장 이혼을 하는 건 절대 좋은 일이라고 할 수 없다. 하지만 위장 이혼을 하면 큰 이득이 있도록 규정을 만들어 놓은 건 사실이다. 가정을 보호하는 제도가 아니라, 가정이 깨지는 걸 유도하는 제도들이다.

에피소드 3

자식은 나름대로 성공해서 자기 집을 가지고 잘 살고 있고, 부모님은 집이 없이 살고 있는 가정이 있다. 사람들은 젊었을 때면 모를까 나이가 들면 안정적으로 살기를 원한다. 노인이 되면 전세, 월세보다 이사 갈 걱정이 없는 자기 집에서 살기를 원한다. 그러니 자식은 부모님이 노년에 편히 살기를 바라서 집을 구해드리려 한다. 하지만 간단하지 않다. 부모님 명의로 집을 사드리면 증여세를 내야 한다. 증여세를 내고 내가 사드린 집이라 하더라도, 나중에 부모님이 돌아가시면 그 집을 물려받는 것에 대한 상속세도 내야 한다.

부모님의 여생이 얼마 안 남았는데 증여세, 상속세를 부담하며 집을 구해드리기는 어렵다. 그냥 내 명의로 집을 구하고, 그 집에서 평생 살게 해드리면 된다. 하지만 내 명의로 집을 구하면 다주택자가 되어버린다. 부모님에게 살 집을 마련해 드리는 건 자식으로서 참 잘하는 행동이라고 칭찬받는다. 하지만 그 칭찬은 말뿐이다. 실제로는 각종 거액의 세금을 내야 한다. 친부모만 아니라 장인장모, 또는 시부모에게도 집을 구해드리면 1가구 3주택이 되어 징벌세 대상이 된다. 사회에서는 노년의 부모에게 효도하라고 하지만 그건 말뿐이다. 정말로 부모에게 효도를 하면 막대한 세금을 내야 한다. 우리나라 사회제도는 부모님의 어려움을 모른척할 때 가장 큰 이익을 얻게 되어 있다.

에피소드 4

대학을 졸업한 청년이 집에서 나와 독립하려 한다. 청년은 그냥 집에서 계속 부모님과 살기를 원했지만 부모는 청년에게 원룸을 따로 잡아주려 한다. 그 이유는 간단하다. 청년이 빨리 세대주로 독립하는 게 나중에 청약에 유리하다. 집을 나가 별도 세대주가 되어야 무주택자 기간이 산정되기 시작하고, 무주택자 기간이 길수록 아파트를 분양받기 쉽다. 최근 한국은 1인 세대주가 급증하고 있는데, 이게 단지 젊은이들의 독립심을 반영하는 건 아니다. 청약 등 부동산 정책에 맞추어 최대한 세대 분리를 하는 것도 세대 수 증가에 큰 기여를 하고 있다고 본다.

자녀가 부모님을 모시고 같이 사는 건 이상적인 가정의 모습으로 묘사된다. 하지만 그건 이상향일 뿐이다. 분양을 받으려면 하루빨리 세대주로 독립해야 한다. 부모와 자녀는 빨리 헤어질수록 좋다. 형제자매가 우애 있게 같이 살아도 곤란하다. 모두 떨어져 따로따로 살아야 청약을 넣을 수 있고, 지원금 받기도 쉽다. 가족이 모두 같이 모여서 살면 지원이 없고, 가족이 모두 각각 떨어져 살 때 각종 지원이 부여된다. 가족의 해체를 유도하는 제도들이다.

이런 제도, 법규를 만든 사람들은 한국의 가정을 해체하기 위해 이런 제도를 만든 게 아니다. 집을 여러 채 가지지 못하도록 하기 위해 이런 다양한 제도를 만들었다. 이런 제도를 통해 정말로 가난한 사람들을 도와주고, 정부 지원이 없이도 살아갈 수 있는 여유가 있는 사람은 도와주지 않고자 했다. 그러니까 돈이 있고 여유 있는 사람을 지원하지 않고, 돈이 있는 사람이 정부 지원을 받아 더 큰 돈이 생기지 않도록 만든 제도들이다. 손자 손녀가 할아버지 할머니를 모시지 않도록 하는 것, 자식들이 최대한 빨리 부모와 헤어져 살게 만드는 것, 이혼하면 큰 이익이 생기게 하는 건 원래 의도했던 목적이 아니다. 하지만 현재 한국의 주택제도, 복지 지원 제도에서 가정이 해체되었을 때 이득이 큰 것은 분명한 사실이다.

돈만 아는 사회

우리는 선택을 해야 한다. 다주택자가 많이 나오고 금전적으로 여유 있는 사람들이 정부 지원금을 많이 받아 가더라도 가족이 서로 어울리고 같이 살고, 서로 도우며 살 수 있는 사회를 지향할 것이냐, 아니면 가족들이 서로 뿔뿔히 흩어져 살고, 서로 돕지 않고 나 몰라라 하는 문화가 만들어지더라도 다주택자, 돈이 있는 사람이 더 돈이 생기는 걸 방지하는 사회를 지향할 것이냐?

현재 한국은 가족 구성원이 서로 뿔뿔이 흩어지는 걸 유도하더라도 다주택자를 방지하기 위한 제도, 여유 있는 자가 지원금을 받지 못하도록 하는 제도를 만들어 시행하고 있다. 가족들이 서로 도와주며 우애 있게 잘 지내는 게 뭐가 그렇게 중요하겠나. 빈부격차를 시정하고 돈이 있는 사람이 더 부자가 되는 걸 막는 게 훨씬 더 중요하지 않겠나. 즉 현대 한국은 가정의 가치보다 돈을 더 중요하게 생각한다. 우리가 가정을 보호하고, 가족의 가치를 중요시한다고 말은 하지만, 실제로는 그것보다 '여유 있는 자들에게 돈이 더 가지 않게 하는 것'이 더 중요한 사회이다. 사람들이 다른 무엇보다 돈을 중시하는 게 '돈만 아는 사회'는 아니다. '다른 무엇보다 누군가가 돈이 더 생기는 것을 막는 것을 최우선으로 하는 사회'도 돈만 아는 사회인 것은 마찬가지다. 돈을 더 벌기 위해서 위장 이혼을 하는 것만 '돈만 아는 놈'은 아니다. 돈 있는 사람들이 더 많은 돈 버는 것을 막기 위해 가족 문화의 해체를 불사하는 것도 '돈만 아는 사회'가 된다. 우리가 진정 원하는 사회가 어떤 사회인지 다시 한번 검토하고 그에 맞는 제도를 만들 필요가 있다.

THE PSYCHOLOGY of BIG MONEY

03

한국 부자들이
한국을 떠나고 있다

10억 원을 줄 테니 교도소에 1년 들어가 살라고 하면 교도소에 들어가겠는가? 이 질문은 사람들이 돈에 어느 정도 가치를 두는가 알아보는 질문으로 많이 이용된다. 교도소는 자유가 없고 또 교도소에 들어간다는 건 범죄를 저지른다는 의미이다. 돈 10억 원을 위해서 그런 짓을 하겠는가? 제대로 된 시민이라면 10억 원을 선택할 리는 없을 것이다.

그런데 설문 결과는 그렇지 않다. 보통 반 정도가 10억 원을 받고 교도소에 가겠다고 응답한다. 2018년 법률소비자 연맹에서 대학생들을 대상으로 실시한 설문조사에서 51%가 교도소를 선택했고, 2019년 흥사단 조사에서는 고등학생 57%가 교도소를 선택했다. 또 법률소비자연맹 2020년 조사에서는 대학생의 45%

가 교도소를 선택했다. 질문은 단지 교도소에 가겠느냐일 뿐이고, 실제 어떤 범죄를 저지를 것인가라고 묻지는 않았다. 10억 원을 위해서 실제 범죄를 저지를 것이냐고 물으면 이 비율은 많이 감소할 것이다. 하지만 돈을 위해서 교도소에 갈 수도 있다고 생각하는 사람들이 많다는 것은 부인하기 어렵다.

10억 원 vs 국적

그러면 이런 질문은 어떨까? '한국 국적을 포기하면 10억 원을 준다면 어떻게 하겠나?' 10억 원을 받고 한국을 배반하는 매국노가 될 수는 없을 것이다. 하지만 이건 매국노가 되라는 이야기가 아니다. 한국을 배반할 필요도 없고 한국에 해가 되는 일을 할 필요도 없다. 그냥 한국 국적을 포기하고 다른 나라 국적을 얻기만 하면 된다. 한국을 완전히 떠날 필요도 없다. 외국 국적을 가지고 한국에서 계속 살아도 된다. 그냥 한국 국적을 다른 나라 국적으로 바꾸면 10억 원을 벌 수 있다. 그러면 어떻게 할 것인가?

10억 원을 받고 교도소에 가겠다는 사람이 이렇게 많으니, 10억 원을 받고 국적을 바꾸려는 사람도 최소한 그 정도는 되지 않을까?

실제로 교도소에 가면 10억 원을 주겠다는 제안을 하는 경우는 현실에 없다. 돈을 주고 범죄를 사주하는 사람들, 돈을 받고 범죄를 저지르는 사람들은 있지만, 그렇더라도 10억 원까지 주지는 않는다. 그런데 국적을 바꾸면 10억 원이 생길 수 있다는 건 실제 현실이다. 한국은 상속세가 세계적으로 높은 나라이다. 재산이 35억 원 정도 있으면, 10억 원을 상속세로 낸다. 만약 배우자가 있다면, 재산이 40억 원 정도 있을 때 10억 원이 상속세이다. 이 사람이 만약 미국이나 캐나다 국적을 취득한다면 상속세가 0원이다. 국적을 바꾸면 상속세 10억 원을 절약할 수 있는 것이다.

재산이 더 많아지면 절약되는 돈은 더 커진다. 50억 원을 가진 사람은 17억 원을 절약할 수 있고, 100억 원을 가진 사람은 40억 원을 절약할 수 있다. 한국을 떠날 필요도 없고, 한국에 해로운 활동을 하는 매국노가 되는 것도 아니다. 그냥 한국 국적만 포기하면 이 정도 돈이 생긴다. 이 정도면 생각해 볼 일 아닌가? 10억 원이면 교도소도 가는데, 단지 국적을 옮기기만 하는 거면 이게 더 쉬운 것 아닐까?

2023년 말, 국제투자이민 컨설턴트사인 헨리&파트너Henley&Partner사가 순자산 100만 달러, 한화로 13억 원 이상을 보유한 부자들의 국제 이주에 대한 자료를 보도했다. 순자산 100만 달러 이상 가진 사람의 외국 이주 1등 국가는 중국이다. 2023년에 13,500명으로 추정된다. 2위는 인도로 6,500명, 3위는 영국으로 3,200명, 4위 러시아 3,000명, 5위 브라질 1,200명, 6위 홍콩 1,000명, 그리고 7위가 한국으로 800명이다. 이런 사람들이 이주하는 국가로는 오스트레일리아, UAE, 싱가포르, 미국, 스위스, 캐나다 등이 있다.

부자가 외국으로 떠나는 국가 1위가 중국인 것은 이해가 간다. 현재 중국은 공동부유를 외치며 부자들을 옥죄고 있다. 재산을 언제 어떻게 모두 빼앗길지 모르는 상황에서 많은 중국 부자들이 외국으로 떠난다. 영국은 브렉시트의 영향으로 보이고, 러시아는 전쟁을 하고 있는 중이니 이주자가 많을 수 있다. 홍콩도 중국화되면서 사람들이 이주하고 있는 것으로 보인다. 좀 문제가 있는 나라들에서 부자들이 이주하고 있다. 문제는 한국이다. 한국의 부자들이 한국을 뜨고 있다. 한국 사회에 부자들이 살기 어려운 뭔가가 있다는 뜻이다.

한국에는 부자 이민자가 800명으로 추산되는데, 그렇게 많지 않다고 생각하면 곤란하다. 한국 인구 5천만 명 중에서 800명이 이주를 한다. 중국은 10억 명 중에서 13,500명인데, 환산해서 한국 인구를 10억 명이라고 가정하면 16,000명의 부자가 이주한다는 뜻이다. 중국보다 더 많다. 실질적으로 부자가 가장 많이 떠나는 국가는 한국이다.

부자들은 왜 떠날까?

그럼 한국의 부자들은 왜 외국으로 갈까? 한국의 교통 시스템, 의료보험은 세계에서 가장 우수하고 치안도 한국만큼 좋은 데가 없다. 많은 외국인 근로자가 한국으로 오기 위해서 애쓴다. 그런데 왜 한국 부자들은 외국으로 가나? 혹자는 한국은 물가가 비싸서 물가가 싼 외국으로 이주한다고 하는데, 그건 답이 아니다. 한국의 부자들은 물가가 싼 동남아로 이주하지 않는다. 오히려 한국보다 생활비가 더 많이 들어가는 미국, 캐나다, 호주로 간다.

한국의 부자들이 한국을 뜨려고 생각하는 이유 중 가장 큰 것이 상속세이다. 10억 원이면 감옥도 갈 수 있다. 그런데 35억 원 부자의 경우 상속세가 없는 나라로 국적을 바꾸면 10억 원이 생긴다. 25억 원을 가진 부자도 국적을 바꾸면 상속세 6억 원을 건질 수 있다. 이 정도면 해외 이주를 생각할 만하지 않나. 더구나 상속세가 없는 나라는 유럽, 캐나다 등 선진국이다. 미국은 상속세율이 높기는 하지만, 130억 원 이상의 재산이 있을 때나 상속세를 낸다. 이주를 가는 것만으로도 최소 몇억 원은 건진다.

나는 이전에 상속세에 대해서 아무 생각 없었다. 재산이 있으면 상속세를 내더라도 별 상관없지 않나라고 생각했다. 100억 원에서 40억 원 상속세를 내도 60억 원이 남는다. 60억 원이면 충분히 큰돈 아닌가. 별문제 없었다.

내가 상속세를 내야 되는 대상이 된 건 몇 년 되지 않는다. 그런데 상속세로 최소한 몇억 원은 내야 되는 대상이 되고 나서 알게 되었다. 상속세는 단순히 세금을 내는 것에서 그치는 것이 아니다. 경제 활동에 어마어마한 영향을 미친다. 내가 앞으로 돈을 더 벌려고 한다고 해보자. 지금부터 뭔가 새로운 일을 해서 10억 원을 벌 수 있을까? 솔직히 어렵다. 새로운 일을 했을 때 10억 원을 벌 수도 있겠지만, 말아먹을 가능성이 더 크다. 그런데 10억 원을 확실히 건질 수 있는 방법이 하나 있다. 상속세를 줄이는 것이다.

상속이 얼마 남지 않은 기업을 생각해 보자. 상속세를 줄이기 위해서는 사업을 더 늘려서는 안 되고, 있던 사업도 줄여야 한다. 이익을 올려서 얻는 이득 증대 분보다, 이익을 줄여서 얻는 상속세 절감 이득이 더 크다. 사업을 더 잘해서 이익을 얻는다고 해도 10% 이익률이면 정말 잘하는 것이다. 그런데 상속세를 줄이는 작업은 수익률이 50%이다. 사업을 잘하는 것보다 주가를 떨어뜨리고, 근로자 수를 줄이고, 사업 규모를 줄이는 것이 더 수익률이 좋다. 아예 사업을 접고 이민을 가면 전 재산을 다 지킬 수 있다.

상속세를 찬성하는 사람들은 100억 원 있는 사람에게서 40억 원을 걷고, 이 40억 원을 공공을 위해 이용하면 더 좋은 사회가 된다고 본다. 물론 그렇게 된다면 좋을 것이다. 그런데 100억 원 있는 사람은 40억 원의 상속세 내는 것을 좋아하지 않는다. 부자라서가 아니라 자기 재산의 반 정도를 세금으로 내야 된다면, 누구나 다 싫어할 것이다. 결국 100억 원 부자는 상속세가 없는 외국으로 가버린다. 40억 원을 공공재원으로 사용하려다, 100억 원 자체가 한국 사회에서 사라진다. 유럽 등 서구국가도 원래는 상속세가 높았다. 그런데 상속세 때문에 국가의 재산이 자꾸 외국으로 빠져나가기 때문에 상속세를 폐지하거나 확 줄인 것이다. 40억 원 세금을 걷지 못하더라도, 100억 원이라는 돈이 외국으로 나가는 것보다는 국내에 남아서 어떤 방식으로든 이용되는 게 보통 사람들에게 훨씬 더 도움이 된다.

물론 부자들이 '저는 상속세 내기 싫어 이주해요'라고 대놓고 말하지는 않는다. 애들 교육 때문에, 가족이 외국에 있어서, 살아보고 싶어서 등의 이유를 댄다. 하지만 그 깊은 곳에는 상속세 문제가 있다. 실제로 지금 한국은 부자가 외국으로 이주하면 큰 재산을 절약할 수 있다. 사람들은 상속세를 내기 싫어 외국으로 나가는 부자들을 비난할 것이다. 하지만 10억 원을 얻기 위해 교도소에 갈 수 있다는 사람이 50%나 되는 게 우리 사회이다. 10억 원 이상의 돈을 챙기기 위해 국적을 바꾸는 것을 비난하기만은 어려운 이유이다.

THE PSYCHOLOGY of BIG MONEY

04

가난한 사람들이
부자 정당에 투표하는 이유

정치경제와 관련해서 오랫동안 수수께끼로 알려진 현상이 있다. 많은 국가에서 정당은 주로 진보당과 보수당으로 나누어진다. 진보당은 가난한 사람들을 위하는 것을 가치로 내세우고, 국가가 국민 복지 증진을 위하여 적극적으로 노력하려 한다. 이에 비하여 보수당은 시장 경쟁을 중시하고 기업 활동을 독려한다. 기업가들, 부자들에게 유리한 정책을 시행하려 한다 해서 부자당이라고 비판받기도 한다.

진보당은 가난한 사람들을 위한 정당이고 보수당은 부자들을 위한 정당이다. 그러면 가난한 사람들은 선거에서 진보당에 표를 더 주어야 한다. 하지만 많은 국가에서 가난한 사람들이 오히려 부자당에 투표하는 경향이 있다. 가난한 사람들이 가난한 사람을 위한 정당에 투표하지 않고 오히려 부자당에 투표한다. 한국도 마찬가지이다. 한국에서 가난한 사람들을 위한다는 것을 캐치프레이즈로 하고 있는 정당은 더불어민주당이고, 보수를 대표하는 정당은 국민의힘이다. 그런데 막상 저소득층은 더불어민주당보다 국민의힘에 투표하는 사람이 더 많다. 투표 출구 조사, 여론조사 등에서 지난 20여 년간 일관되게 나타나는 현상이다. 일반상식으로는 이해할 수 없는 현상이 벌어지고 있는 것이고, 이것을계급배반투표라 하며 그 이유를 설명하려는 많은 시도가 있었다.

가난한 사람들은 바보다?

이에 대한 가장 대표적인 책은 미국 언론인 토마스 프랭크^{Thomas Frank}가 쓴 『왜 가난한 사람들은 부자를 위해 투표하는가』이다. 미국 캔자스 주에서 가난한 사람들이 왜 부자당에 투표하는지를 분석했다. 프랭크는 그 이유를 가난한 사람들이 보수층의 논리에 끌려 들어갔기 때문이라고 보았다. 보수층은 선거에서 경제적 이익, 돈에 대해서 잘 이야기하지 않는다. 시민의 자유와 도덕 등 사회적·문화적 가치를 앞에 내세운다. 보수당은 이런 긍정적인 가치를 내세워서 투표에서 이긴 다음에는, 경제적으로 부자들에게 유리한 정책을 실시한다. 가난한 사람들은 그런 전략에 휘말려 자신에게 경제적으로 불리한 정책을 시행하는 보수당에 투표한다.

프랭크 이외에도 많은 사람이 가난한 사람들이 부자당에 투표하는 이유를 설명했다. 그들에 의하면 '가난한 사람들이 사회문제를 제대로 인식하지 못해서', '가난한 사람들이 부자들에 의해 정치에서 점차 밀려나서', '가난한 사람들이 부자들에게 심리적으로 지배를 당해서', '가난한 사람들은 미래를 생각할 여유가 없어서' '보수 언론의 영향으로', 가난한 사람들은 이율배반적으로 부자당에 더 투표한다.

여러 가지 설명이 있지만 사실 그들이 말하고 있는 것은 하나다. 노골적으로 표현하지 못해 이러저러하게 돌려 말하고 있지만, 실제 이유는 '가난한 사람들이 바보라서'라는 것이다. 가난한 사람들은 바보라서 사회문제를 잘 알지 못하고, 부자들에게 조종당하고, 보수 언론에 끌려다니고, 앞날을 예측하지 못한다. 그래서 가난하면서도 '가난한 사람들을 위해 노력하는 정당'에 투표하지 않고 '부자들을 위하는 정당'에 투표한다.

경제학에서 보는 관점은 조금 다르다. 경제학에서는 사람이 합리적이라고 가정한다. 사람이 합리적이라는 가정에는 많은 비판이 따른다. 사람은 합리성에 의해 지배되지 않으며, 비합리적인 면도 많다. 그런 비합리성을 무시하는 경제학은 인간을 제대로 알지 못하는 학문이라는 비판을 받는다. 하지만 나는 그래도 사람이 합리적이라고 생각하는 경제학이 더 낫다고 본다. 경제학의 합리성을 비판하면서 인간의 비합리성을 중시하는 학문은 결국 다른 사람들을 바보라고 본다. 자기 자신을 바보라고 생각하지는 않으니, 나는 똑똑하지만 다른 사람들은 바보라고 생각한다. 그러다 보니 가난한 사람들이 부자당에 투표하는 건 그들이 바보이기 때문이라는 결론을 얻는다. 하지만 경제학적 시각에서는 가난한 사람들은 단지 돈이 부족할 뿐이다. 가난하다고 다른 사람들에게 조종만 당하는 바보가 아니고, 자기의 이익을 위해 최선을 다하는 존재들이다.

1950년대 후반, 사회주의 국가 중국은 대약진 운동을 시작하며 집단 농장을 만들었다. 그동안 농부들은 자기 땅을 일구었는데, 집단 농장에서는 모든 것이 공동 소유가 된다. 각 개개인이 땅을 소유하기에 자본주의의 문제점이 나오는 것이니, 사유재산을 없애고 공동 재산으로 하면 사회 불평등도 없어지고 사람들의 이기심에 의한 사회악도 모두 없어진다. 공동 소유는 사회주의자들의 이상이었고, 공동 소유를 시행하는 중국의 집단 농장 체제는 전 세계 사회주의자들에게 찬사를 받았다. 이제 공동 생산, 공동 소유, 필요에 의한 지출로 이상적인 사회가 만들어질 것으로 보았다.

그런데 중국 농민들이 이제 모든 것이 공동 소유가 된다고 했을 때 가장 먼저 한 일은 무엇이었을까? 자기가 기르던 닭, 돼지, 소 등을 잡아먹었다. 기르던 가축들을 잡아먹지 않은 농부들도 있기는 있었고, 소, 돼지가 많았던 집에서는 잡아먹더라도 미처 다 잡아먹지는 못했다. 이런 가축은 집단 농장 체제가 되면서 마을 사람들이 모두 가져가 먹어버린다.

집단 농장을 주장하는 사람들은 여러 명이 공동으로 같이 가

축을 돌보면 가축이 더 늘어나고 관리가 더 잘될 것으로 생각했다. 하지만 농민들은 공동 소유가 되면 어떤 일이 벌어질지 정확히 알고 있었다. 가만히 있으면 자기 닭, 돼지를 동네 사람들이 모두 잡아먹는다. 그 전에 그냥 자기가 잡아먹는 게 이익이다. 정치가들, 공무원들, 학자들, 지식인들은 이런 일이 벌어질 것을 전혀 예상하지 못했다. 가난한 농민들이 뭘 모르고 무식한 게 아니다. 당시 중국에서 사회 최하층이기는 했지만 자기 삶에 영향을 미치는 일에 대해서는 가장 확실한 지혜를 가지고 있었다. 가난한 사람들도 충분히 합리적이다.

합리적인 가난한 사람들이 왜 부자당에 투표하는가에 대한 의견으로 '오바마 패러독스'가 있다. 오바마 대통령은 미국 최초의 흑인 대통령이다. 미국에서 사회 최하층을 구성하는 흑인들의 삶을 낫게 하리라는 기대를 한 몸에 받았고, 또 오바마는 흑인들의 삶을 개선하겠다고 계속 공언하고 강조했다. 실제로 오바마 대통령 시기에 흑인들의 처지를 낫게 하고자 하는 여러 정책이 만들어졌다. 그런데 실제 흑인들의 삶은 오바마 대통령 시절에 더 안 좋아졌다. 흑인들이 더 잘사는 것을 목적으로 하고 실제 흑인들을 위한 정책을 실행했는데 오히려 흑인들의 삶이 더 어려워졌다. 그래서 오바마 패러독스다.

더 큰 패러독스는 오바마 뒤를 이은 트럼프 대통령이다. 트럼프는 흑인들의 삶을 더 낫게 해주겠다는 말은 빈말이라도 한 번도 해본 적이 없다. 트럼프의 정책은 모두 부자들을 위한 정책, 기업들을 위한 정책들이었다. 그런데 가난한 흑인들의 삶이 트럼프 정권하에서 훨씬 나아졌다. 흑인 실업률이 크게 줄고 소득도 크게 늘어 부자들과의 소득 격차도 줄어들었다.

여러분이 흑인이라면 누구를 뽑아야 할까? 흑인, 가난한 사람들을 돕겠다고 공언하고, 가난한 사람들을 위한 정책을 실제 만들고 실행하지만 실제의 삶은 더 어려워지는 오바마를 지지해야 할까, 아니면 흑인들을 위할 거라는 말은 한마디도 안 하고 흑인들을 위한 정책에 아무 관심 없지만, 실제 삶이 좋아지는 트럼프를 지지할까? 트럼프는 2020년 재선에 실패했지만, 2016년 선거에 비해 흑인들의 표는 훨씬 늘어났다. 흑인들은 자신들을 위한다고 말을 하는 사람보다 실제 자신들의 삶을 더 나아지게 한 사람에게 표를 주었다.

가난한 사람들이 표를 던지는 진짜 이유

가난한 사람들을 위한다는 정당에서는 의료비 부담을 줄이고, 최저임금을 올리고, 각종 보조금을 늘렸다고 생색을 낸다. 실제 의료복지를 실시해서 감기 치료비는 줄었다. 그런데 의료보험료가 올랐다. 가난한 사람은 감기 치료비만으로 정책을 판단하지 않는다. 의료와 관련된 모든 지출을 다 합쳐서 고려한다. 감기 치료비는 줄었어도 의료보험이 올라 전체 비용이 오르면 좋아할 수가 없다. 최저 임금도 올랐다. 그런데 일자리를 얻기가 더 어려워졌다. 최저 임금이 올라도 일자리가 줄어들면 먹고 살기는 더 어려워진다. 이런저런 보조금으로 돈을 주기는 하는데, 물가가 오르고 세금이 올라 장바구니는 더 쪼그라든다. 이런 상태에서 '난 가난한 사람들을 위해서 이렇게 열심히 일하고 있는데 왜 가난한 사람들이 나에게 표를 주지 않는가'라고 이상하게 생각한다. 하지만 가난한 사람에게 중요한 건 '가난한 사람들을 위해서 일하겠다' '가난한 사람들을 위해서 정책을 실시했다'가 아니라 실제 자신들의 삶이 더 좋아지는지 여부이다. 이런 시각으로 볼 때 가난한 사람들이 이율배반적으로 부자당에 투표하는 현상을 더 잘 이해할 수 있다. 최소한 가난한 사람들이 바보라서 그렇다는 것보다는 나은 설명이 될 것이다.

THE PSYCHOLOGY of BIG MONEY

05

돈을 빌려줄 때 중요한 것
– 인격인가 돈인가

몇 년 전의 일이다. A가 상속을 받아 5억 원이 넘는 현금을 가지게 되었다. A의 친척 B가 찾아와 A에게 투자를 권했다. B가 사업을 시작했는데, 여기에 투자를 하면 충분한 이익을 주겠다는 권유였다. 아이템도 괜찮아 보였고, A는 가지고 있는 현금 대부분을 B에게 투자했다. A의 아내는 이 투자에 대해 불안해했다. 나중에 B가 그 돈을 안 돌려주거나 하면 어쩔 것인가. 하지만 A는 한마디로 아내의 의심을 막았다.

"그럴 애 아니야!!"

A는 친척 B를 어려서부터 겪어보았다. B는 착한 사람이고 거짓말을 안 한다. B는 자기 돈을 빼돌리거나 사기 치거나 그러지 않을 것이다. 그러니 걱정할 것 없다는 이야기였다.

그 말을 전해 듣고 나는 걱정이 되었다. 내가 문제라고 생각한 건 A가 B에게 돈을 투자해도 된다고 정한 그 근거였다. B는 착한 사람이고, 거짓말을 하지 않고, 다른 사람에게 사기 칠 사람이 아니라고 했다. 나는 B를 알지 못하지만, A는 어려서부터 B를 봐왔다고 하니 A의 판단이 틀리지는 않을 것이다.

하지만 착하고 거짓말을 하지 않는다는 것과 사업을 성공시켜 투자금과 이익을 돌려줄 수 있다는 건 전혀 다른 이야기이다. 아무리 착하고 좋은 사람이라 하더라도 돈이 없으면 돌려줄 수 없다. 착한 사람은 돈이 있으면 돌려줄 것이고, 나쁜 사람이면 돈이 있어도 안 돌려줄 것이다. 착한 사람이든 나쁜 사람이든 일단 돈이 있어야 받을 수 있느냐 아니냐가 결정된다. 착하냐 아니냐보다 일단 그 투자금을 가지고 망하지 않고 돈을 불릴 수 있느냐가 먼저다. 그런데 A가 말하는 B의 모습을 보면, 착하고 좋은 사람이고, 거짓말을 할 리가 없다는 이야기뿐이다. 좀 불안하다. '이 돈 괜찮을까'라는 걱정이 되었다.

투자와 인격의 상관관계

사실 A의 결정은 훌륭한 거다. 사람들은 다른 사람에게 돈을 빌려주거나 투자를 할 때, 그 사람이 어느 정도의 돈과 자산이 있는지를 기본으로 생각한다. 자기 돈을 갚을 수 있는 기본적인 경제력이 있는지 여부가 중요한 기준이다. 하지만 A는 B의 경제력은 생각하지 않고 B의 인품만을 기준으로 투자를 결정했다.

J.P. 모건은 19세기 말과 20세기 초, 세계 경제를 주무른 거대 금융 자본가였다. 은행업을 기반으로 하면서 당시 최고의 산업이었던 철강, 전기전자, 정유 사업 등을 지배했다.

1912년, J.P. 모건이 금융비리를 조사하는 국회청문회에 서게 되었다. 당시 국회의 푸조 위원회에서는 금융 비리를 조사하기로 했고, 금융의 대표자인 J.P. 모건을 청문회에 불러 심문했다. 이때 조사관 운터마이어는 모건에게 사람들에게 돈을 빌려주는 기준이 무엇인가에 대해 추궁했다.

운터마이어는 모건이 인맥이나 그 사람의 재산을 보고 돈을 빌려준다고 보았다. 자기와 친한 사람, 잘 아는 사람에게 돈을 빌려주거나, 아니면 재산이 충분히 있는 사람들에게만 돈을 빌려준다는 것이다. 은행이 이렇게 인맥과 재산을 기준으로 대출해 주는 건 잘못된 게 아니냐는 논조였다. 하지만 J.P. 모건은 돈을 빌려주는 기준에 대해 이렇게 말했다.

"가장 중요한 것은 인격이다. 인격이 다른 어떤 것보다 우선한다."

운터마이어는 재차 대출할 때 중요한 건 재산이 아니냐고 추궁했지만, J.P. 모건은 단호했다.

"돈보다 인격이 우선이다. 다른 어떤 것보다도 인격이 우선이다. 돈으로는 인격을 살 수 없다. 내가 신뢰할 수 없는 사람은 어떤 재산 증서를 가져와도 돈을 빌려주지 않는다."

박지원의 허생전에서 허생은 길거리에서 한양에서 제일가는 부자가 누구인지 묻는다. 변 씨가 가장 부자라는 말을 듣자, 바로 변 씨를 찾아가 이렇게 부탁한다.

"내 집이 가난해서 장사 밑천이 없다. 무엇을 좀 해보려 하는데 돈 만 냥을 빌려 달라."

변 씨는 허생의 이름도 물어보지 않고 그 자리에서 1만 냥을 빌려준다. 주위 사람들이 어떻게 한 번도 본 적이 없는 사람에게 1만 냥을 바로 빌려줄 수 있느냐고 물어보았을 때 변 씨는 이렇게 대답했다.

"돈을 빌리러 오는 사람은 자기 생각을 길게 늘어놓는다. 약속을 꼭 지키겠다, 걱정하지 말라는 말도 한다. 그런데 얼굴빛은 뭔가 비굴하다. 하지만 저 사람은 겉모습은 가난하지만 말이 간단하고, 눈이 비굴하지 않으며 얼굴에 부끄러운 기색이 없다. 재물이 없어도 스스로 만족할 수 있는 사람이다. 이 사람이 해보겠다는 일이 작은 일은 아닐 것이다."

변 씨는 허생과 인맥이 있어서 돈을 빌려준 것도 아니고, 허생이 돈이 있다고 생각해서 돈을 빌려준 것도 아니다. 그야말로 허생이라는 인간을 믿고 1만 냥이라는 거금을 빌려준다.

현대에서 이런 식으로 돈을 빌려준 가장 유명한 사례는 소프트뱅크 손정의가 알리바바 마윈에게 투자한 사례일 거다. 2000년, 마윈은 투자금을 유치하기 위해 손정의를 만났다. 그리고 손정의는 마윈을 만난 지 5분 만에 2천만 달러 투자를 결정한다. 설립한

지 1년밖에 지나지 않은 신생 기업에 그 정도의 금액을 투자한다
는 건 지금 봐도 엄청난 거다. 손정의와 마윈은 만나서 돈 이야기
는 하지 않았다. 설사 돈, 사업 이야기를 했다 하더라도 5분 동안
얼마나 이야기할 수 있었을까. 변 씨가 허생을 만나고 몇 마디 나
눈 후 바로 1만 냥을 빌려준 것처럼, 손정의는 마윈과 만나 잠깐 이
야기를 하고 2천만 달러를 투자했다. 돈을 빌려주고 투자할 때 가
장 중요한 건 상대방이 어떤 사람이냐다. 돈이 얼마나 있느냐, 자기
와 어떤 인간관계에 있느냐는 부차적인 것이다.

나도 J.P 모건, 허생전의 변 씨, 손정의 등의 의견에 찬성한다.
돈을 빌려주거나 투자할 때는 그 사람이 얼마나 재산이 있는지 보
다 그 사람의 인격이 훨씬 더 중요하다. 사업 아이템이 무엇인지보
다도 그 사람이 더 중요하다.

그런데 은행에서 돈을 빌려줄 때는 인격은 생각하지 않는다.
금융 기관에서 돈을 빌려줄 때는 그 사람에게 재산과 소득이 얼
마나 있는지가 최우선이고 거의 유일한 기준이다. 재산 소득이 없
이 신용으로만 돈을 빌리려 하면 아무리 좋은 사람이라 하더라
도 몇천만 원 빌리기 힘들다. 하지만 나쁜 사람이라 하더라도 10
억 원 가치의 부동산을 가지고 있으면 쉽게 몇억을 빌릴 수 있다.
운터마이어가 J.P. 모건 청문회에서 돈을 빌려주는 기준이 재산이
아니냐고 추궁한 건 충분히 근거 있는 말이었다. 하지만 이건 제대
로 된 게 아니다. 인격이 더 중요한 기준이 되는 게 맞다고 본다.

인격은 착하다는 말이 아니다

하지만 그럼에도 불구하고 친구 A가 B에게 투자한 건 찬성하기 어려웠다. 돈, 사업 아이템보다 인격이 더 중요한 건 맞는데, 여기서 인격은 '착하다, 거짓말을 하지 않는다, 사기 치지 않는다'라는 것과는 조금 다르다. 이때의 인격은 거기에 더해서 투자금을 날리지 않고 수익을 낼 수 있는 능력, 자기가 목표로 한 것을 반드시 성취하는 능력이 포함되어 있다. 사실 착하다, 거짓말을 하지 않는다는 것보다는 이런 성취 능력이 더 중요하다. 아무리 착해도 돈이 없으면 돌려줄 수 없다. 일단 무언가를 이루어내야 돈을 갚을 수 있다. 돈을 투자하는 입장에서 중요한 건 이 사람이 이 돈으로 무언가를 이루어낼 수 있느냐이다.

일반적인 사회적 관념에서는 착한 사람, 거짓말하지 않는 사람이 뛰어난 인격을 가진 사람이다. 하지만 투자 세계에서는 일단 성취할 수 있는 사람이 더 뛰어난 인격을 가진 사람이다. 착하다는 건 별 의미가 없다. J.P. 모건은 인격이 좋은 사람에게 돈을 빌려주었는데, 여기서 좋은 사람은 사업을 성공적으로 이끌고 돈을 갚을 수 있는 사람이지 착한 사람이 아니다. 허생전 변 씨가 허생에게 돈을 빌려준 건 허생이 착해 보여서가 아니었고, 손정의가 마윈에게 반한 것도 마윈이 착해서가 아니다. 여기서 인격은 착한 것과는 관계가 없다.

A가 B에게 돈을 투자한 지 몇 년이 지났다. B는 사업을 접었

고, A는 모든 돈을 잃었다. B가 사기 치거나, 돈을 안 갚겠다고 버티는 건 아니다. B는 여전히 착하고 좋은 사람이다. 하지만 B는 돈이 없고, 그러니 아무리 좋은 사람이라 하더라도 돈을 돌려줄 수가 없을 뿐이다. 인격은 중요하다. 하지만 일반적으로 말하는 인격과 돈, 투자 세계에서 말하는 인격은 좀 다르다. 일반적인 인격 개념으로 투자를 결정해서는 곤란하다. A의 투자가 실패한 근본적 이유라고 본다.

THE PSYCHOLOGY of BIG MONEY

06

한국인에게 인생에서
가장 중요한 것은

연세대 객원교수 곽노성의 책 『침몰하는 한국 생존을 위한 선택』을 읽다가 충격적인 표를 발견했다. 세계 주요 17개국 사람들에게 인생에서 무엇이 가장 중요하고 의미가 있는가를 조사했는데, 그 결과가 이랬다.

조사 대상 17개국 중에서 14개국에서 인생에서 가장 중요한 것은 가족이라 답했다. 단지 3개 나라만 응답이 달랐다. 스페인은 건강이 가장 중요하다고 응답했고, 타이완은 사회제도가 가장 중요하다고 했다. 타이완에서 사회제도가 가장 중요하다는 답변이 나온 건 조금 의아하기는 하지만, 이 조사가 이루어진 게 2021년이라는 것을 고려하면 이해할 수 있다. 당시 중국의 강력한 코로나 봉쇄 정책이 세계적인 이슈가 되었었고, 중국과 통일 이슈가

있는 타이완에서는 사회제도가 주민의 삶에 큰 영향을 미친다는
걸 실감했던 시기이다. 어쨌든 여기서 가장 충격적인 것은 한국이
다. 한국은 물질적인 풍요, 바꿔 말하면 돈이 가장 중요하다고 응
답했다.

국가별 삶의 의미 요인 순위(상위 5개 요인)

국가	1순위	2순위	3순위	4순위	매수 주문량
호주	가족	직업	친구	물질적 풍요	사회
뉴질랜드	가족	직업	친구	물질적 풍요	사회
스웨덴	가족	직업	친구	물질적 풍요/건강	
프랑스	가족	직업	건강	물질적 풍요	친구
그리스	가족	직업	건강	친구	취미
독일	가족	직업/건강		물질적 풍요/전반적 긍정	
캐나다	가족	직업	물질적 풍요	친구	사회
싱가포르	가족	직업	사회	물질적 풍요	친구
이탈리아	가족/직업		물질적 풍요	건강	친구
네덜란드	가족	물질적 풍요	건강	친구	직업
벨기에	가족	물질적 풍요	직업	건강	친구
일본	가족	물질적 풍요	직업/건강		취미
영국	가족	친구	취미	직업	건강
미국	가족	친구	물질적 풍요	직업	신앙
스페인	건강	물질적 풍요	직업	가족	사회
대한민국	물질적 풍요	건강	가족	전반적 긍정	사회/자유
대만	사회	물질적 풍요	가족	자유	취미

한국 사람들이 돈을 가장 중시하는 이유

사람들은 자본주의가 무엇보다 돈을 우선시한다고 비판한다. 그런데 이 표를 보면 자본주의라고 해서 돈을 최우선으로 두는 건 아니다. 자본주의가 탄생한 영국, 프랑스, 독일 등은 모두 돈이 아니라 가족이 가장 중요하다고 한다. 심지어 전 세계에서 가장 자본주의가 발달하고, 피도 눈물도 없는 금융 제국을 만들어 운용하고 있는 미국에서도 인생에서 가장 중요한 건 가족이라고 한다. 그런데 어떻게 한국에서는 돈이 가장 중요하다는 결과가 나왔을까.

조사 결과 보고서 원본을 찾아보았다. 이 보고서는 퓨 리서치 센터Pew Research Center에서 2021년에 조사한 것이었다. 전 세계에서 경제적으로 발달한 17개국을 선정하고, 인구가 많은 미국은 약 2,600명, 다른 나라들은 약 1,000명 정도로 총 18,850명을 조사해서 나온 결과였다. 보고서 제목은 〈무엇이 인생을 의미 있게 하는가-17개 선진경제국의 관점What Makes Life Meaningful? Views From 17 Advanced Economics〉이었다.

이 조사는 객관식 질문이 아니었다. 주관식으로 인생에서 중요한 것, 인생을 의미 있게 하는 게 무엇이냐고 물어보았고, 사람들의 답변을 모아 범주화한 것이었다. 그리고 응답자는 가장 중요한 하나를 답해야 하는 건 아니었다. 자기 인생에서 의미 있고 중요한 게 여러 개 있으면 그 여러 개를 다 응답해도 되었다.

보고서를 살펴보니 보고서 내에서 한국은 참 특별한 존재였다. 한국은 17개국 중에서 돈이 제일 중요하다고 한 유일한 국가인데, 그것 말고도 다른 나라들과 차이 나는 점들이 참 많았다.

우선 첫째, 한국인들은 인생에서 중요한 게 무엇이냐는 질문에 오직 하나만 대답하는 사람들이 대부분이었다. 이 질문은 객관식이 아니었고, 자기가 중요하다고 생각하는 것들을 모두 말할 수 있었다. 실제 대부분의 나라에서는 복수로 응답했다. 가족도 중요하고 돈도 중요하고 친구도 중요하다는 식으로 말이다. 그런데 한국인들은 62%의 사람들이 인생에서 중요한 것으로 단지 하나만 들었다. 대부분의 나라에서는 이렇게 하나만 꼽은 사람은 30% 정도였다.

가족도 중요하고 돈도 중요하고 친구도 중요하다고 생각한다면, 가족이나 친구를 포기하고 돈을 선택하기는 쉽지 않다. 아무리 돈이 중요하다고 생각해도 이들 사이에서 균형을 잡으려고 한다. 하지만 다른 어떤 것보다 돈이 가장 중요하다면, 가족 관계나 친구를 포기하고서라도 돈을 선택할 가능성이 커진다. 똑같이 돈이 중요하다고 해도, 다른 것들도 같이 중요하다고 생각하는 것과 돈만 중요하다고 생각하는 건 다르다. 한국인들은 오로지 하나만 중요하다고 응답하는 비율이 절대적으로 높았다. 내가 보기에는 이게 가장 우려스러운 한국인의 성향으로 보인다.

둘째, 한국인이 물질적 부, 돈을 가장 중요하게 생각한다는 결과가 나왔는데, 그렇다고 한국인들이 다른 나라들보다 절대적으로 물질적 부, 돈을 더 좋아하는 건 아니었다. 한국에서 부, 돈이 인생에서 중요하다고 응답한 비율은 19%였다. 그런데 스페인은 42%였고, 네덜란드도 33%였다. 한국의 19%는 중간 수준이었다. 그런데 스페인 사람들은 돈이 중요하다고 응답한 사람들이 42%이기는 하지만, 건강이 중요하다고 응답한 사람들은 더 많았다. 네덜란드도 돈이 중요하다고 한 사람은 33%이지만, 가족이 중요하다고 한 사람들은 더 많았다. 그래서 이들 국가에서는 돈이 아니라 다른 것이 1위가 되었다. 하지만 한국은 돈이 가장 중요하다고 대답한 사람은 19%였는데, 다른 것들이 중요하다고 대답한 사람들은 모두 이에 못 미쳤다. 다른 나라들에서는 가족이 가장 중요하다고 응답한 비중 평균이 38%이었고, 그래서 가족이 1위를 차지했지만, 한국에서는 가족이 중요하다고 한 사람은 16% 밖에 되지 않았다.

한국에서 돈이 가장 중요하다고 생각하는 사람 비율은 절대적으로는 높지 않았다. 19%밖에 되지 않는 소수이다. 하지만 한국에서 가장 강력한 선호가 돈이라는 것도 사실이었다. 다른 것들은 모두 이 정도의 선택도 받지 못했다. 절대적으로 소수이지만 가장 선호된다는 것, 이게 한국이 가진 돈과 관련된 문제의 원천일 것이다.

셋째, 내가 이 보고서를 읽으면서 가장 이건 곤란하다고 생각한 부분은 한국에서 돈이 1위라는 점이 아니었다. 전 세계에서 한국만이 돈이 1위라는 것, 특히 다른 나라에서는 가족이 1위인데 한국만이 돈이 1위라고 한 것도 문제가 있는 부분이기는 한데, 그래도 한국의 문제를 더 알려주는 것은 한국이 꼴찌 한 것들이 아닐까 한다.

한국이 17개국 중에서 1위 한 것은 돈 하나밖에 없다. 그런데 17개국 중에서 꼴찌로 응답한 것들은 굉장히 많다. 인생에서 의미있는 것, 중요한 것이 무엇이냐는 질문에 사랑하는 상대romantic partner라고 대답한 사람들의 비중이 꼴찌이다. 친구와 동료가 중요하다고 응답한 비율도 꼴찌이다. 개인적인 취미라고 응답한 비율도, 여행이 중요하다고 응답한 비율도 꼴찌이다. 배움learning, 봉사활동, 애완동물을 꼽은 사람들도 꼴찌다.

꼴찌 한 것 중에서 가장 아쉬운 것은 일work이다. 다른 나라에서는 일-직업-커리어가 굉장히 높은 비중이다. 평균적으로 볼 때 1위는 가족이었고, 일-직업은 2위였다. 그런데 한국에서는 일-직업이 중요하다고 응답한 비율이 세계에서 꼴찌로 단지 6%에 불과했다.

꼴찌는 아니지만 꼴찌에서 두 번째인 것들도 몇 개 있었다. 자연 및 야외활동nature and the outdoors이 중요하다고 응답한 비율이 끝에서 두 번째였고, 종교, 정신적인 영성이 중요하다는 응답도 끝에서 두 번째였다. 그리고 가족도 끝에서 두 번째였다. 한국에서는 16%가 가족이 중요하다고 응답했는데, 전 세계 평균은 38%였다. 가족이라고 응답한 비율이 가장 낮은 국가는 타이완으로 15%였다. 끝에서 3위는 일본으로 26%였으니, 한국은 타이완보다 1% 높기는 하지만 실질적으로는 같이 공동 꼴찌로 봐도 될 것이다.

한국에서 많은 사람들이 돈보다 더 중요한 게 있다고 말한다. 가족, 친구, 동료, 일, 환경, 배움 등 여러 가지를 이야기한다. 그런데 이런 조사에서 돈이 1위로 나오고, 다른 것들은 세계에서 꼴찌로 나오는 건 뭘까? 이건 자본주의나 현대 금전 만능주의의 문제는 아니다. 자본주의가 발달한 다른 나라들에서도 이런 결과가 나오지는 않았다. 무언가 한국의 현실에 대해 돌아볼 시점이지 않을까 한다.

THE PSYCHOLOGY of BIG MONEY

07

기초수급자가 돈까스를
사먹는 것에 기분 나빠한 이유

인터넷 서핑을 하다가 눈길을 끄는 글을 발견했다. 어떤 사람이 유명 프랜차이즈 식당에서 돈가스를 먹고 있었다. 이 식당은 프리미엄 급으로 보통 식당보다 양질의 돈가스를 판다. 그런데 기초수급 아동이 그 식당에서 돈가스를 시켜 먹고 있었다고 한다. 현재 한국에서는 소득이 낮은 집 아이가 식당에서 사용할 수 있는 바우처 카드 등을 지원하는데, 이 아동은 그 바우처 카드를 이용해서 프리미엄 돈가스를 사 먹고 있었다.

이 사람은 기초수급 아동이 지원받은 돈으로 프리미엄급 돈가스를 사먹는 것에 대해 이의를 제기했다. 아이들이 기초수급을 받는 것은 이해할 수 있으나, 지원받은 돈으로 그렇게 좋은 식당에서 사먹는 것은 이해할 수 없다고 복지센터에 항의 전화까지 했다고 한다.

이 글에는 많은 댓글이 달렸다. 전부가 다 이 항의하는 사람을 비판하는 댓글이었다. 아이가 지원받은 돈으로 좋은 돈가스를 사 먹는 게 뭐가 문제냐, 그렇게 속이 좁으냐, 그럼 가난하다고 고급 돈가스를 먹으면 안 된다는 말이냐 등의 비판이다. 기초수급 지원을 받는 아이가 고급 돈가스를 사먹는 건 아무 문제없는 일이다. 오히려 그걸 가지고 뭐라고 하는 이 사람이 한심한 거다. 이런 내용들이 주를 이루었다.

나도 이런 댓글의 내용에 동의한다. 하지만 이 사람의 마음이 이해되기는 한다. 그냥 단순히 이 사람의 속이 좁다고 비판할 일은 아니다.

가난했던 대학 시절

내가 대학생 때의 일이다. 대학생 때는 가난했다. 식당에 가야 할 때는 항상 분식집만 들어갔다. 그리고 분식집에서 시키는 메뉴도 항상 같았다. 김밥 아니면 라면이었다. 학교의 학생식당, 아니면 분식집의 김밥과 라면이 밖에서 밥을 먹을 때의 거의 유일한 메뉴였다.

당시는 과외 아르바이트를 하면서 돈을 벌었고, 그 돈을 모았다. 계속 아끼며 돈을 모으다 보니 몇백만 원의 예금이 있었다. 당시 물가로 대학 등록금 몇 번은 낼 수 있을 정도의 돈이었다. 그런데 친구가 경제적으로 어려운 상황에 빠졌다. 나에게 도움을 요청했고 난 어느 정도의 돈을 빌려주었다. 몇 달은 생활할 수 있는 돈이었던 것으로 기억한다.

그러다 둘이 같이 식당에 갈 일이 있었다. 분식집에 들어갔고, 난 평소와 다름없이 라면을 주문했다. 그런데 이 친구는 비빔밥을 주문했다. 라면보다 비빔밥이 2배는 더 비싼데. 이때 내 마음은 어땠을까?

이 친구는 돈이 없어서 내가 돈을 지원해 주었고, 그 지원금으로 이 식당에서 밥을 먹을 수 있다. 이 비빔밥은 내가 준 돈으로 사 먹는 거다. 그런데 난 비빔밥을 시켜 먹어본 적이 없다. 그 정도 여유가 없었고, 그래서 항상 라면이나 김밥만 사 먹었다. 그런데 나의 지원을 받는 사람이 비빔밥을 사 먹는다? 나도 먹지 못하는 비빔밥을? 나는 이미 이 친구에게 돈을 지원해 준 상태였고, 그 돈을 어떻게 사용하는지는 이 친구의 마음이다. 돈을 어떻게 사용할지 내가 간섭할 권리는 없다. 그건 맞다. 하지만 김밥과 라면만 먹는 사람이 비빔밥 먹는 사람을 지원한다는 건 좀 웃기지 않나. 지원은 비빔밥 먹는 사람이 김밥, 라면 먹는 사람에게 해야 하는 거다. 자기는 김밥, 라면만 먹으면서, 다른 사람이 비빔밥 먹는 걸 지원하는 건 뭔가 이상한 거다.

예를 들어보자. A는 비싼 고기를 사 먹지 않는다. 싼 음식만 먹으면서 돈을 모은다. 그래서 어느 정도 재산을 가지게 되었다. B

는 항상 소갈비, 스테이크를 먹으며 잘 살아왔다. 그런데 일이 안 풀려 망하게 생겼다. 현재의 생활 수준을 유지할 수 없어 빈곤층으로 떨어지게 되었다. B는 우는소리를 하고 망하게 되었다고 하소연을 한다. 돈이 있는 A가 B를 도와준다. B는 A의 지원으로 이전의 생활 수준을 유지할 수 있게 되었다. 그래서 도움을 주는 A는 계속해서 싼 음식만 먹고, 도움을 받는 B는 소갈비와 스테이크를 먹고 산다. 이 이야기는 돈이 있는 A가 돈이 없어 망하게 된 B를 도와준 아름다운 에피소드가 되지 않는다. 돈이 있는 A가 돈이 없는 B를 도와준 건 맞는데, 뭔가 찝찝하고 이건 아닌 거 같은 느낌이 든다.

앞에서 이야기한, 기초수급자 아이가 돈가스 사 먹는 걸 불편해한 사람의 경우를 보자. 이 사람은 왜 기초수급자 아이가 지원받은 돈으로 프리미엄급 돈가스를 주문하는 것에 기분 나빴을까? 이 사람이 속이 좁은 사람이라서 그럴 수도 있다. 그런데 이 사람이 평소에 열심히 살면서도 프리미엄 돈가스를 사 먹기 힘든 형편이어서일 수도 있다. 자기는 열심히 일하고 세금 내고 돈을 모으고 있다. 프리미엄 돈가스를 사 먹고 싶지만, 자기 형편에는 아직 어렵다며 그 돈을 저축하고 미래를 계획해 왔다. 그러다가 정말 어렵게 결심을 하고 프리미엄 돈가스를 한 번 먹어보려 가게에 왔다. 그런데 옆자리에서 가난하다는 이유로 정부에서 지원받은 돈으로 프리미엄 돈가스를 시켜 먹고 있다. 나는 비싸서 잘 못 먹는데, 내가 낸 세금으로 지원받은 사람이 아무런 거리낌 없이 먹고 있다. 이러면 아무리 아이가 시켜 먹는 거라 해도 기분이 좋지 않을 수 있다.

부자들은 나누는 걸 싫어할까?

사람들은 부자들이 가난한 사람을 지원하는 걸 싫어한다고 생각한다. 부자들은 돈을 중요하게 여기기 때문에, 자기들의 돈을 걷어가서 가난한 사람에게 나눠주는 걸 반대한다고 본다. 그런데 그건 좀 다르다. 부자들이 싫어하는 건 너무 많은 돈을 걷어가는 경우이다. 그 돈을 어떻게 쓰느냐는 별 관심 없다. 가난한 사람들에게 돈 나눠주는 걸 가장 반대하는 사람은 부자가 아니라 빈곤층 바로 위의 차상위 계층이다.

서울에 집이 없는 가난한 사람들에게 아파트를 나눠준다고 하자. 자기가 넓은 집에 살고 있는 잘사는 부자들이 그런 정책에 반대할까? 가난한 사람들이 서울 아파트를 가지게 된다고 부자의 삶이 별로 달라지는 건 없으니 반대할 이유가 없다. 그럼 어떤 사람들이 반대할까? 그동안 서울 아파트를 사기 위해서 열심히 노력해 온 사람들이다. 아파트를 사기 위해 엄청나게 절약하고 노력하고, 돈을 모아온 사람들. 가난하지는 않지만 그렇다고 아직 아파트를 구입할 정도의 자금은 없는 사람들이다. 아파트를 구입하기 위해 생활을 희생하며 고생해 왔는데, 가난한 사람에게도 양질의 주거환경이 제공되어야 한다며 아파트를 준다고 한다. 이러면 뒤집어진다. 앞의 돈가스 건에 대해 많은 사람이 댓글로 불평자가 속이 좁다며 비판했지만, 막상 정부가 기초수급자들도 살 집이 필요하다며 아파트를 주겠다고 하면 그 사람들도 그런 지원에는 반대할 것이다. '그냥 살 곳을 지원하면 되지 아파트가 웬말이냐'하면서 말이다.

학교에서 30~40점 받는 학생들의 점수가 너무 낮아 이들을 지원하기 위해 점수를 올려준다고 하자. 30점 받은 학생에게 70점을 주고, 40점 받은 학생은 80점을 부여한다고 하자. 90~100점 받는 학생은 이런 점수 퍼주기에 별 관심 없다. 30점 받은 학생이 70점 된다고 해서 경쟁자가 되는 것도 아니고, 자기 등수에 영향을 받는 것도 아니다. 이런 점수 퍼주기에 반발하는 사람은 자기 나름대로 열심히 공부해서 70점을 받은 사람이다. 또 가족 생활비를 벌어야 해서 밤에 아르바이트를 해가면서 공부를 해 65점 받은 사람은 이런 점수 퍼주기 정책에 강력히 항의할 것이다. 이 세상은 공정하지 않고 노력해도 아무 소용 없다는 비관론에 빠지고, 더 이상 공부를 계속할 의욕을 잃는다.

섬세한 기술이 필요한 지원

난 아주 기본적인 사항에 대해서는 사람이 착하다는 성선설을 믿는다. 정말로 어려운 사람들, 굶어 죽을 정도로 힘든 사람들에 대해서는 사람들이 도와준다고 본다. 자기가 아무리 어려워도 정말로 굶는 사람들에게는 도움의 손길을 준다. 하지만 기본적인 사항을 벗어나면 성선설보다는 성악설이 더 맞지 않을까 한다. 나보다 어려운 사람은 도와줄 수 있다. 하지만 도움을 받는 사람이 나보다 더 잘살면 안 된다. 나는 돈가스를 잘 못 사 먹는데, 지원받은 사람이 프리미엄 돈가스를 사먹는 건 곤란하다. 나는 김밥, 라면만 먹고 있는데, 나의 지원을 받은 사람이 비빔밥을 사 먹으면 기분이 나쁘다. 나는 소갈비를 거의 못 먹고 있는데, 사업자가 망할지도 모른다며 정부 지원금을 받아 소갈비를 먹는 생활을 유지하는 건 말이 안 된다. 그래서 다른 사람을 지원한다는 건 꿩장한 기술이 필요한 거다. 예기치 않은 희생자를 만들어내지 않으면서 다른 사람들을 지원하는 건 절대 쉽지 않다. 대부분의 나라에서 최저계층에게 최소한의 지원만 하는 건 그 때문이기도 하다. 최저계층에 지원을 하다가 차상위 계층보다 더 잘살게 되면 정말 곤란해진다.

THE PSYCHOLOGY of BIG MONEY

08

전 국민에게 지급하는 민생지원금

한 정당에서 전 국민들에게 25만 원 민생 지원금을 지급하는 방안을 제기했다.* 코로나 사태 때 전 국민들에게 몇십만 원의 긴급 지원금을 주었던 것처럼, 이번에도 모든 국민에게 25만 원을 지급할 것을 이야기한다.

고민에 빠진다. 이걸 찬성해야 하나 반대해야 하나. 물론 내가 찬성하거나 반대한다고 해서 정책 시행에는 어떤 영향도 없을 것이다. 하지만 그래도 경제정책을 전공한 사람으로서 이에 대한 찬반 의견은 가지고 있어야 한다고 생각한다. 그런데 이번에는 정말 고민이다. 나는 이런 정책을 찬성해야 할까 반대해야 할까?

---

* 이 글은 2024년 4월에 집필, 기고되었다.

몇 년 전의 나라면 분명 반대이다. 실제 코로나 때 모든 국민에게 지급된 재난지원금에 대해서도 반대했다. 그 당시 신문에 칼럼을 썼었는데, 전 국민 재난지원금에 대해 반대하는 입장을 내비쳤다.

혹자는 재난지원금, 민생지원금은 모든 국민에게 다준다는 것인데 왜 이걸 반대하는지 의문을 표하는 사람이 있다. 누구는 주고 누구는 안 준다면 반대할 수 있다. 누구는 많이 주고 누구는 적게 준다고 해도 반대할 수 있다. 세금을 걷어서 지원금을 준다고 하면 세금을 내는 사람은 반대할 수도 있다. 하지만 전 국민 지원금은 그런 게 아니다. 그냥 모든 국민에게 돈을 나눠준다. 손해 보는 사람이 없이 모두가 평등하게 이익인데 왜 이걸 반대하나? 전 국민 지원금을 반대하는 사람은 그냥 누가 잘되는 걸 보지 못하는 속이 꼬인 사람, 아니면 가난한 사람들을 도와주는 일 자체를 반대하는 꼰대인 것으로 본다.

전 국민 지원금을 반대하는 이유

하지만 많은 사람들이 전 국민 지원금을 찬성하더라도, 최소한 경제 분야에 있는 사람들은 전 국민 지원금을 대부분 반대한다. 나도 경제학 전공이니 전 국민 지원금은 반대하는 입장이다. 반대하는 이유는 분명하다. 전 국민 지원금은 지금 당장은 좋아 보이지만, 결국 대부분 국민에게 손해를 끼치기 때문이다. 지금 이득이지만 결국 앞으로 더 큰 손실을 가져올 가능성이 크다면, 누구나 그런 정책은 찬성할 수 없을 것이다.

한국의 유명한 한류 드라마로 〈별에서 온 그대〉가 있다. 주인공 도민준(김수현 분)은 외계인으로, 시간 멈춤, 공간이동, 염력 등 각종 초능력을 구사할 수 있다. 극 중에서 도민준의 정체를 알고 있는 변호사가 도민준에게 묻는다.

"그런 능력들을 이용해서 어려운 사람들을 도와줄 수 있지 않습니까?"

도민준은 처음에 조선시대에 왔을 때는 어려운 사람들을 도왔다. 도박에서 돈을 잃어 속상해하는 사람을 도와 돈을 따게 해주었다. 그런데 그 사람은 도박에서 큰돈을 버는 손맛을 잊지 못해 도박중독자가 된다. 나중에는 모든 재산을 도박판에 바치고, 자기 딸을 도박에 거는 파렴치한이 되어버린다. 처음에 돈을 따지 않았다면 다시는 도박판을 기웃거리지 않았을 텐데, 도민준이 도와주는 바람에 결국 인생이 망한다. 도민준은 이런 경험을 하면서 결국 다른 사람들을 돕는 일에 꽹장히 신중해진다. 지금 당장 좋아 보이는 일이 나중에 더 나쁜 결과를 야기한다면, 당장 좋아 보인다고 해서 실행해서는 안 되는 것이다.

지금 당장은 좋지만 결국 더 나빠지는 것, 경제학에는 그런 일이 비일비재하다. 그래서 경제학은 보통 사람들이 좋다고 하고 찬성하는 것들에 대해 반대하는 경우가 많다. 월급이 많아지면 분명 좋아지는 것인데, 경제학은 모든 국민의 월급이 다 올라가는 건 반대한다. 정부가 나서서 물가가 오르지 않도록 하면 좋은 것 같은데 경제학은 그런 물가 억제에 반대한다. 지금 당장은 좋아 보이지만 나중에 그 부작용이 더 크기 때문이다. 전 국민 지원금을 반대하는 이유도 같다. 지금 당장은 좋다. 하지만 분명 나중에 더 큰 손실이 온다.

전 국민에게 돈을 나누어주었을 때의 문제점은 인플레이션을 일으킨다는 점이다. 돈이 없는 사람들에게만 돈을 주었을 때는 인플레이션이 발생하지 않는다. 하지만 모든 국민에게 돈을 일률적으로 나누어주면 대부분 인플레이션이 일어난다. 코로나 사태 때 전 국민 대상 재난지원금이 지급되었다. 공돈이 생기니 좋다. 재난지원금이 손에 들어왔을 때 싫어한 사람은 없을 것이다. 하지만 이게 진짜 이득이냐 하면 그렇지는 않다. 2022년 물가 상승률은 5.1%였다. 코로나 사태로 돈 풀기가 진행되면서 평소보다 훨씬 높은 물가 상승률이었다. 물가 상승률 5.1%면, 자기 소득의 5.1%가 그냥 사라진다. 2,000만 원 소득인 사람은 100만 원 정도가 날아갔고, 4,000만 원 소득인 집은 200만 원이 날아갔다. 재난지원금으로 100만 원을 받았는데, 그로 인한 물가 상승으로 200만 원이 사라진다면 그건 분명 엄청난 손해다. 차이는 지원금 100만 원은 내가 분명 인식하는 이득인데, 물가 상승, 인플레이션으로 인한 손해는 내가 잘 모르는 사이에 가랑비에 옷이 젖듯이 발생한다는 점이다. 이 시스템을 알면 전 국민 지원금을 찬성할 수가 없다. 보통 경제학 하는 사람들이 전 국민 지원금을 반대하는 이유이고, 또 내가 반대했던 이유이기도 하다.

달라진 생각

지금 다시 한국에서 전 국민 지원금 이야기가 나온다. 그러면 나는 또 이에 대해 반대하는 입장을 가져야 하는 게 원칙이다. 그런데 이번에는 좀 애매하다. 이걸 찬성해야 하나 반대해야 하나.

인플레이션은 국민의 실질 소득을 감소시키는 것 이외에 다른 큰 부작용이 하나 더 있다. 빈익빈 부익부를 일으킨다는 점이다. 보통 경제정책들은 빈부격차를 일으키기는 하지만, 빈익빈 부익부는 아니다. 가난한 사람들의 소득은 조금 오르는데 부자들의 소득은 많이 올라서 빈부 격차는 심해진다. 하지만 가난한 사람들이 더 가난하게 되는 빈익빈은 아니다.

그런데 인플레이션은 정말로 빈익빈 부익부이다. 인플레이션이 발생해도 임금 소득은 거의 오르지 않는다. 임금은 인플레이션보다 더 낮게 오른다. 그래서 인플레이션이 발생하면 저소득층의 실질 소득은 더 낮아진다. 빈익빈이다. 대신 인플레이션이 발생하면 주식, 부동산 등의 가격은 크게 오른다. 그래서 주식, 부동산을 가지고 있는 사람들은 인플레이션, 물가 상승기에 재산이 늘어난다. 코로나 때 전 세계 각국은 돈을 풀었고, 그 때문에 전 세계 주식, 부동산 값은 폭등을 했다.

코로나 사태로 인한 자산 가격 상승으로 새로이 부자가 된 사람들도 많다. 실제 나의 경우도 코로나 사태로 인해 재산이 크게 늘었다. 코로나 초기 자산시장이 붕괴하면서 주식 등이 대폭락하여 엄청난 손실을 보았지만, 세계 각국 정부가 돈 풀기에 나서면서 자산 가격이 급상승해 오히려 재산이 증가했다.

다시 정부가 전 국민 지원금을 풀면 어떻게 될까? 물가가 오를 것이다. 5~10%씩 크게 물가가 오르지는 않더라도, 최소한 지금 수치에서 1% 정도는 오를 것이다. 물가가 1% 오르면 주식, 부동산은 그보다 더 크게 오른다. 자산이 없는 사람은 실질 소득에서 손실을 보겠지만, 자산이 있는 사람은 큰 이득을 본다. 이전에는 빈익빈 부익부를 발생시키는 인플레이션을 유발하는 정책은 반대했다. 소수의 사람만 이익을 보고 대부분의 국민은 어려워지는데, 그런 정책을 찬성할 수는 없지 않나?

그런데 지금 난 인플레이션으로 큰 이득을 볼 수 있는 자산을 가지고 있다. 그러면 인플레이션을 유발하는 정책들, 전 국민 지원금 정책도 적극 찬성해야 하는 거 아닌가? 그게 나의 이익을 극대화한다.

어떻게 해야 하나? 전 국민 지원금은 지금 당장 사람들에게 좋아 보이지만, 인플레이션을 유발해서 결국 모든 국민이 지원금보다 손실을 더 보는 정책이다. 경제학을 공부한 사람으로서, 또 학자의 양심을 가지고 찬성할 수는 없다. 그런데 지금 나의 상황에서 전 국민 지원금은 나의 재산을 다시 한번 크게 늘려줄 수 있는 정책이다. 전 국민 지원금은 물가를 상승시킬 것이고, 그러면 주식, 부동산이 오르면서 나는 큰돈을 벌 수 있다. 나 개인의 이익에 이렇게 영향이 있는데, 국가 전체에 대한 영향이 어쩌고 하면서 반대해야 하나? 오히려 적극적으로 전 국민 지원금에 대해 찬성해야 하는 거 아닐까?

내가 국민지원금을 찬성해야 할지 고민하게 될 줄은 꿈에도 몰랐다. 돈 때문에 평생 배워온 경제 논리와 학자 양심을 버리는 일이다. 그런데 그게 큰돈을 벌게 해주니 어찌해야 할까.

3장

투자할 때 기억하기

THE PSYCHOLOGY
of BIG MONEY

THE PSYCHOLOGY of BIG MONEY

01

돈 버는 건 꿈이 아니라 버킷리스트이다

20대 학생이 나에게 질문을 했다.

"내가 하고 싶은 일과 돈을 버는 일, 둘 중에 어느 것을 추구해야 할까요?"

이 학생은 꿈이 있다. 자기가 하고 싶은 일이 있고, 그 일에서 성공하고 싶다. 오랫동안 가져온 꿈이고, 이 꿈을 위해 앞으로 계속 나아갈 각오도 있다. 그런데 문제가 있다. 자기가 하고 싶은 일이기는 한데, 그 일에서는 큰돈을 벌기 어렵다. 먹고 살 수는 있겠지만 잘사는 삶과는 거리가 멀다. 평생 부자 될 일은 없을 것이다.

아무리 꿈이 중요하다고는 하지만 일생 돈에 쪼들리며 사는 건 바라지 않는다. 그러니 꿈을 포기하고 차라리 돈 버는 일에 몰두하는 게 낫지 않을까? 일단 돈을 충분히 벌고, 내가 하고 싶은 일은 그다음에 해도 되는 거 아닐까? 돈을 충분히 벌고 나이 들어 그 일을 시작하면 그 일에서 성공하기는 어렵다. 하지만 어쨌든 자기가 하고 싶은 일을 할 수 있는 것이니, 먼저 돈을 벌고 나중에 좋아하는 일을 하는 식으로 타협하는 게 낫지 않을까?

돈과 꿈 사이에서

젊어서는 돈 버는 일보다 하고 싶은 일, 꿈을 추구하라는 충고도 있다. 젊은이들의 멘토였던 서울대 김난도 교수는 자신의 저서에서 돈보다 일에 초점을 맞추라고 조언한다. 자기 분야에서 성공하면 돈은 저절로 따라온다. 자기 일을 열심히 해서 성공하는 게 일에서도, 돈에서도 성공할 수 있는 방법이다. 자기 분야의 일을 못하면서 돈을 추구한다면, 결국 일도, 돈도 다 놓친다.

'자기 분야의 일을 잘하면 돈도 따라온다'라는 건 맞는 말이긴 한데, 여기에는 한계가 있다. 자기 분야에서 일을 잘하면 어느 정도의 돈은 따라온다. 하지만 큰돈은 아니다. 중산층, 잘하면 상급 중산층까지의 돈은 벌 수 있다. 그러나 부자가 될 정도의 돈을 벌 수 있는 건 아니다. 자기 일에서 성공했을 때 큰 부자가 될 수 있는 분야가 있기는 하다. 금융 업계, 야구, 축구 등 인기 스포츠, 방송 연기자로 성공했을 때는 '성공=큰 부자' 공식이 성립한다. 하지만 대부분의 업종에서는 일에서의 성공이 부와 연결되지는 않는다.

잘 되어도 상급 중산층 정도의 수입만 보장할 뿐이다.

큰돈은 그냥 자기 길을 열심히 걷다 보면 저절로 생길 수 있는 게 아니다. 돈 버는 걸 바라고 그 길을 추구할 때 큰돈이 생길 수 있다. 그냥 자기 앞에 있는 길을 꾸준히 가다 보면 몇백 미터 산은 오를 수 있다. 하지만 히말라야산은 그런 식으로 오를 수 없다. 저 산에 오르겠다는 목표를 정하고 의도해야만 오를 수 있다. 마찬가지로 보통 돈은 자기 일을 열심히 하다 보면 생길 수 있다. 하지만 큰돈은 따로 목적을 정하고 바랐을 때 얻을 수 있다.

'내가 하고 싶은 일과 돈을 버는 일, 둘 중에 어느 것을 선택해야 하느냐'라는 질문에 대한 나의 대답은 이렇다. '내가 하고 싶은 일'과 '돈을 버는 일'은 양자택일이 아니다. 하나를 선택하면 다른 하나는 선택할 수 없는 갈림길이 아니다. 둘 다 추구해야 하는 것이지, 둘 중 하나가 아니다.

꿈과 버킷리스트

사람들은 꿈과 버킷리스트를 헛갈려 한다. 꿈과 버킷리스트는 모두 자기가 하고 싶은 일이다. 하지만 그 둘은 절대 같지 않다. 꿈은 자기 인생을 걸고 하고 싶은 일이다. 일회성 사건이 아니라 평생 동안 계속 추구해야 하는 일이다. 하지만 버킷리스트는 그런 게 아니다. 보통 사람들이 많이 꼽는 버킷리스트로는 오로라 보기, 한라산 올라가기 등이 있다. 오로라 보기라면 극지방에 가서 한 번 오로라를 보면 버킷리스트가 달성된다. 해마다 오로라를 보러 가는 것도 아니고, 오로라를 본 다음에 계속 그 자리에 머물면서 매일 보는 것도 아니다. 한라산 오르기도 한 번 한라산을 오르면 버킷리스트는 완성된다.

꿈은 보통 하나다. 사실 꿈이 없는 사람들이 더 많은 것 같지만, 꿈이 있다고 해도 보통은 하나 정도다. 하지만 버킷리스트는 무수히 많을 수 있다. 자기가 살면서 경험해 보고 싶은 많은 것들이 다 버킷리스트가 될 수 있다.

꿈과 버킷리스트는 서로 충돌하는 게 아니다. 그림을 그리는 화가가 되고 싶다는 건 꿈이다. 오로라를 보거나 한라산에 오르고 싶다는 건 버킷리스트이다. 여기서 꿈을 이루는 것과 버킷리스트를 이루는 건 서로 아무 연관이 없다. 화가를 준비하면서 오로라를 보러 갈 수도 있고 화가가 되어서 오로라를 보러 갈 수도 있다. 오로라를 보러 간다고 해서 화가가 될 수 없는 것도 아니고, 오로라를 안 본다고 해서 더 그림 잘 그리는 화가가 되는 것도 아니다. 오히려 오로라를 직접 보는 게 그림을 그리는 데 도움이 될 수 있다.

또 버킷리스트끼리도 서로 충돌하지 않는다. 오로라도 보러가고 한라산도 오를 수 있다. 어느 한 가지를 한다고 해서 다른 걸 못하는 게 아니다. 꿈은 충돌한다. 미술가가 되겠다는 꿈과 운동선수가 되겠다고 하는 꿈은 양립할 수 없다. 하나는 직업으로 해야 하고 다른 하나는 취미 활동으로만 해야 한다. 아마추어라면 모를까, 프로급에서 이 둘을 다 할 수는 없다. 하지만 꿈과 버킷리스트 사이, 버킷리스트와 버킷리스트 사이는 충돌하지 않는다. 이 둘은 같이 원할 수 있고, 또 같이 달성할 수 있다.

그럼 돈을 버는 건 꿈일까 아니면 버킷리스트일까? 꿈인지 버킷리스트인지 구분하는 방법은 간단하다. 그 지속성을 보면 된다. 그림 그리는 화가가 꿈이라고 해보자. 이 사람은 그림 한 장 그리는 게 목적이 아니다. 1년 동안 그림을 그려보기를 바라는 것도 아니다. 10년, 20년 넘게, 평생 그림을 그리는 게 목적이다. 나이와 관계없이 계속할 수 있는 게 꿈이다. 만약 어떤 직업을 가지는 게 꿈이라면 최소한 정년퇴직해서 더 이상 그 업무를 할 수 없을 때까지 하는 일이 꿈이 될 수 있다.

이에 비해서 버킷리스트는 평생 추구하는 일이 아니다. 한 번 경험하거나, 아니면 어느 수준까지 달성하면 충족되는 일이다. 오로라는 한 번 보면 버킷리스트가 달성된다. 턱걸이 10번 하기가 버킷리스트라면, 턱걸이 10번을 달성하면 이제 손을 뗄 수 있다.

꿈은 달성하기 어렵고 버킷리스트는 쉬운 건 아니다. 에베레스트 정상을 오르는 게 버킷리스트라면, 이 버킷리스트를 달성하는 데 굉장히 오랜 시간이 걸린다. 체력도 길러야 하고, 연습도 많이 해야 하고, 정말 십 년 넘게 노력해야 할지 모른다. 하지만 에베레스트 정상을 한 번 오른 다음에도 평생 동안 계속해서 에베레스트산을 오르려 하지는 않을 것이다. 그러면 꿈이 아니라 버킷리스트이다.

돈을 버는 일은 꿈일까?

그러면 돈을 버는 일은 꿈일까 버킷리스트일까? 어떤 사람이 돈을 벌고 싶다는 말을 할 때, 이 사람은 평생 돈 버는 일을 추구하는 걸까? 나이 60, 70이 되도 계속 돈을 벌겠다는 걸까? 부자라 할 수 있는 돈을 충분히 벌고 나서도, 그래도 죽을 때까지 계속 돈 버는 일을 하고 싶다는 걸까?

그렇지 않다. 사람들이 돈을 벌고 싶다고 이야기할 때, 돈을 충분히 번 다음에 그 돈으로 잘 살기를 바라는 것이다. 어느 정도 돈을 벌면 그 돈으로 자기가 하고 싶은 일을 하거나 돈 걱정 없이 편하게 살고 싶은 것이지, 평생 계속 돈만 버는 삶을 살고 싶어 하는 게 아니다. 그러면 이건 꿈이 아니라 버킷리스트이다. 워런 버 핏처럼 나이 90이 넘어도 돈은 별로 안 쓰고 햄버거를 먹으면서 그냥 돈 버는 일만 계속한다면 돈 버는 게 꿈이다. 그러나 대부분의 사람들은 돈을 일정 수준 벌면 더 이상 돈 버는 것보다 돈 쓰기나 다른 일을 생각한다. 이건 버킷리스트이다.

'자기가 하고 싶은 일과 돈 버는 일, 둘 중 어느 것을 선택해야 할까'라는 질문에 대한 내 대답은 '자기가 하고 싶은 일'은 꿈이고, '돈 버는 일'은 버킷리스트라는 것이다. 이건 서로 충돌되는 게 아니다. 화가의 길을 걷더라도 오로라는 충분히 보러 갈 수 있다. 좋은 화가가 되기 위해 오로라는 보러 갈 수 없다고 말하거나, 오로라를 보러 가느라 화가가 될 수 없었다고 말하는 건 얼마나 우스운 일인가. 돈 버는 일이 꿈과 서로 대치된다고 생각하는 건, 돈 버는 일을 주로 직업과 연관시키기 때문이다.

하지만 자기의 주된 직업이 아니더라도 투자 등 돈 벌 수 있는 길은 많다. 자기가 꼭 하고 싶은 일을 포기해야만 돈을 벌 수 있는 건 아니다. 그건 '나는 꿈을 추구해야 해서 결혼할 수 없어요'라는 것과 같다. 돈 벌기 위해 자기의 꿈을 포기할 필요는 없다. 돈 버는 일은 버킷리스트다. 꿈과 같이 추구할 수 있는 길이다.

THE PSYCHOLOGY of BIG MONEY

02

성실한 사람만
횡재를 챙길 수 있다

2025년의 대표적인 인기 드라마로 《폭싹 속았수다》가 있다. 제주도에서 살고 있는 주인공 애순은 결혼을 하고 애를 기르지만 생활이 굉장히 어렵다. 애순의 부모는 어려서 모두 돌아가셔서 도와줄 부모도 없고, 물려받은 재산도 없다. 남편은 배에서 고기를 잡는 어부다. 자기 배로 고기를 잡는 게 아니라 다른 사람 배에 인부로 취직해서 일하는 것이기 때문에 하루 벌어 하루 먹고 산다. 그러던 어느 날, 남편이 더 이상 배에서 일하지 못하게 된다. 일하던 배의 선주하고 다투어서, 일자리를 잃었다.

어떻게 살아갈 방법이 없는 어려움에 빠진 그때, 애순의 할머니가 도움을 준다. 애순의 할머니는 그동안 애순에게 잘 대해주지 않았다. 어려서 애순이는 작은아버지 집에서 구박을 받으며 살았는데, 그때 할머니는 어떤 도움의 손길도 주지 않았었다. 그런데 그 할머니가 애순을 돕는다. 그냥 소소한 도움이 아니라, 배를 살 수 있는 큰돈을 준다. 이 돈으로 애순네 집은 배를 사서 선주가 된다. 선주가 되어 고기를 잡으니, 고기 팔아 번 돈으로 집도 사고 자식도 대학에 보낼 수 있게 된다. 할머니의 도움으로 애순네 집은 그동안의 경제적 어려움에서 벗어난다. 갑부가 된 건 아니지만, 그동안 하루하루 먹고살 걸 걱정하던 삶에서 농땡이 부리지 않으면 충분히 살아갈 수 있는 삶으로 전환된다. 애순은 그런 변화를 전혀 기대할 수 없는 삶을 살아왔다. 할머니의 도움은 애순에게 전혀 예상하지 못한 횡재였다.

할머니가 오래전 애순 엄마(할머니의 며느리)와 약속했던 이야기를 하면서 애순에게 큰돈을 건네주는 장면은 감동적이었다. 그런데 난 그 장면을 보면서 이 도움이 애순 작은아버지에게 어떤 의미일까를 떠올리게 되었다. 할머니는 애순 작은아버지와 같이 살고 있다. 애순 작은아버지도 돈이 없어 삶이 굉장히 어렵다. 그런데 할머니는 작은아버지에게 돈을 주지는 않았다. 작은아버지도 돈이 없이 어렵게 사는 걸 10년 이상 보면서도 도와주지 않았는데, 애순이 와서 도와달라는 말에 배를 살 수 있는 큰돈을 준다.

애순 엄마와의 약속 때문에 작은아버지에게 돈을 주지 않고 계속 돈을 들고 있었다고는 하지 말자. 할머니는 애순 엄마와 약속하기 이전에도 그 돈을 가지고 있었다. 일찍 죽은 애순의 아버지(할머니의 큰아들)를 생각해서 나중에 애순에게 주려고 돈을 가지고만 있었다고도 하지 말자. 할머니가 가지고 있던 돈은 적은 액수가 아니다. 애순과 작은아버지에게 공평하게 나눠주어도 충분히 큰돈이다. 그렇게 나눠주어도 애순은 큰 도움을 받았다고 고마워할 것이다.

할머니는 왜 애순에게 돈을 주었을까?

할머니가 애순에게만 배를 살 수 있는 큰돈을 준 이유는 간단하다. 큰돈을 지원해 주는 사람은 그 돈이 상대방에게 정말 의미 있게 사용되기를 바란다. 자기가 지원해 주는 그 돈을 기반으로 뭔가 달라지기를, 상대방이 성공하기를, 어려움 없이 살아갈 수 있기를 바란다. 자기가 돈을 지원해 줘도 상대방에게 아무런 영향이 없다고 여겨지면 주지 않는다. 준 돈으로 술 마시고 놀고 낭비하느라 다 써버릴 것으로 예상한다면 아무리 돈이 있어도 도와주지 않는다. 상대방이 살아가기 어렵다고 하소연을 하고 또 실제 어렵게 살아도, 도와주지 않는다.

할머니는 애순과 남편이 그동안 살아가는 과정을 계속 지켜봤다. 애순과 남편에게 돈을 지원하면 그 돈을 허투루 쓰지 않고, 그 돈을 기반으로 일어설 수 있을 거라는 확신이 있었을 것이다. 큰돈은 그런 확신이 있을 때 줄 수 있다. 작은아버지는 그런 확신을 할머니에게 주지 못했다. 할머니는 작은아버지에게 큰돈을 주면 그 돈을 다 쓸데없는 데 써버릴 것으로 보았다. 그러면 아무리 자식이라도, 아무리 자기가 돈이 있어도 지원해 줄 수 없다. 그런 확신이 조금이라도 있었으면, 애순에게 모든 돈을 다 주지 않고 조금이라도 작은아버지에게 나눠주었을 것이다. 그렇게 조금만 나눠주어도 작은아버지 입장에서는 충분히 큰돈이었다.

애순은 횡재를 했다. 그러나 그렇다고 애순의 횡재를 단순히 운이라고만 생각해서는 곤란하다. 애순과 남편의 성실한 삶이 횡재를 이끌었다. 그런 성실함이 없었다면 횡재는 없었다. 작은아버지도 그동안 살아오면서 횡재를 바랐을 것이다. 하지만 성실하지 않은 생활에 횡재는 다가오지 않았다. 작은아버지는 자기에게 그런 기회가 없었다는 사실에 실망했을 것이다. 하지만 기회는 항상 있었다. 할머니는 큰돈을 가지고 있었고, 자기가 성실하게 살면 횡재를 얻을 기회는 계속 있었다. 그러나 작은아버지는 그런 기회가 자기 주위에 있다는 사실을 알지 못했다. 횡재 기회가 없는 게 아니라, 자기가 횡재를 얻을 만큼 성실성이 부족했을 뿐이라는 걸 알지 못했다.

사람들은 횡재를 바란다. 그런데 횡재는 애순과 남편 같은 사람에게 다가온다. 작은아버지 같이 사는 사람에게는 횡재가 다가오지 않는다. 애순 같이 산다고 횡재가 반드시 오는 건 아니다. 하지만 횡재가 온다면 애순 같은 사람에게 오지 최소한 작은아버지 같은 사람에게는 오지 않는다.

횡재의 발생 원리

나는 오래전 온라인게임 폐인이었던 적이 있다. MMORPG 리니지 게임에 빠져 하루 종일 게임을 했었다. 이때 난 리니지 게임에서 필요한 무기 등을 사기 위해 게임 내에서 장사를 했었다. 사냥에 필요한 각종 무기, 장갑 등을 직접 만들거나, 다른 사람이 싸게 파는 걸 구입해서 파는 일이었다. 장사를 하면서 알게 된 건, 장사하며 폭리를 취한다는 건 굉장히 어렵다는 점이었다. 일단 직접 장비를 만들어서 파는 건 재룟값, 인건비를 고려하면 큰 이익이 아니었다. 높은 가격을 내걸 수는 있었지만, 시세라는 게 있어서 고가에는 팔리지 않는다. 그런데 시장가격은 절대 큰 이익을 낼 수 없는 가격이었다. 사람들은 비싸다고 불평하는데, 원가를 고려하면 이익은 10% 정도 생길 뿐이다. 그것도 못 받으면 시간을 내서 장사를 할 이유가 없었다.

하지만 난 게임 내에서 장사로 많은 돈을 벌었었다. 보통 때의 장사로는 큰돈을 벌 수 없었지만, 가끔 발생하는 횡재에서 큰돈을 벌 수 있었다. 게이머는 레벨 등급이 올라가면 그동안 쓰던 무기, 장갑을 모두 처분하고, 높은 등급의 무기를 새로 구하려 한다. 이때 게이머는 빨리 장비들을 처분하기를 원해서 땡처리를 한다. 빨리 파는 게 목적이기 때문에 시세의 반값으로 나오기도 한다. 하루 종일 노점을 열고 장사를 하다 보면 이런 급매물, 땡처리를 잡을 수 있는 기회가 생긴다. 이런 급매물을 잡아서 천천히 제값에 팔면 큰 이익이 남는다. 큰돈은 이런 급매물에서 나왔다. 횡재였다.

그 과정을 통해서 느낀 게 있다. 큰돈을 버는 횡재는 어떻게 해야 발생하는가. 일단은 운이다. 급매물은 내가 어떻게 한다고 해서 발생하는 게 아니다. 다른 사람들이 그냥 싸게 빨리 팔려고 내놓아야 한다. 내가 할 수 있는 일은 없고, 그러니 운이다.

급매물이 나오는 건 운이지만, 나온 급매물을 잡는 건 그냥 운은 아니다. 첫째, 급매물을 잡기 위해서는 일단 상점 거리에 계속 오랫동안 머물러야 한다. 일주일 내내 노점을 지켜야 급매물이 한두 건 나올까 말까다. 매일 계속 자리를 지키는 성실한 상인만 급매물을 잡을 수 있다. 하루 한두 시간 장사하는 사람, 오가는 상인은 급매물을 잡기 힘들다.

둘째, 물건의 시세를 잘 알고 있어야 한다. 물건을 팔려는 사람이 A 무기를 100만에 판다고 외친다. 그러면 이게 싼 가격인지, 원래 시장 가격인지, 아니면 시세보다 비싼 건지 바로 파악할 수 있어야 한다. 시세로 200만 하는 걸 100만에 팔겠다고 하면 무조건 바로 사겠다고 손을 들어야 한다. 그러지 않고 좀 생각해 보겠다거나, 시세가 얼마인지 알아보겠다고 하면 바로 다른 사람이 사간다. 게임에서 사용되는 장비는 한두 개, 몇십 개가 아니다. 레벨별로 장비들이 있기에 최소 몇백 개가 넘는다. 그 장비들의 가격을 대강은 다 파악하고 있어야 그런 급매물들을 잡을 수 있다. 시세를 모르면 급매물인지, 횡재인지 여부를 아예 판단할 수 없다.

결국 자리를 항상 지키는 상인, 장비 가격의 시세를 모두 파악하고 있는 상인이 급매물을 잡을 수 있고, 횡재를 얻을 수 있다. 즉 성실한 상인이 횡재를 얻는다. 성실하지 않은 상인은 횡재의 기회가 지금 왔다는 것을 아예 알지도 못한다.

횡재가 오는 건 운이다. 하지만 횡재를 잡는 건 운이 아니다. 성실하게 그 길을 걷는 사람만 횡재를 챙길 수 있다. 애순과 그 남편, 관식처럼 성실히 살 때 횡재 기회가 온다. 작은아버지처럼 살면 횡재 기회가 오지 않는다. 그게 횡재가 발생하는 원리 중 하나이다.

THE PSYCHOLOGY of BIG MONEY

03

똑같이 세뱃돈을 받았는데
왜 자산 차이가 발생할까?

지인 중에 초등학생 아이 3명이 있는 집이 있다. 이 집에서는 아직 아이들에게 용돈을 따로 주지 않고 필요하거나 원하는 게 있으면 부모가 사준다. 대신 명절날 부모나 친척들에게 세뱃돈이나 용돈을 받으면 그건 모두 그 아이들이 갖고 마음대로 쓸 수 있다. 이 3명은 나이 차이가 크게 나지 않아 친지들은 차별을 두지 않고 같은 금액을 준다. 아주 어려서는 받은 돈에 차이가 있었지만, 모두가 철이 든 이후로는 같은 돈을 받아왔다. 그러니까 이 3명이 친척들에게 받은 돈의 합은 동일하다.

그런데 이들이 현재 보유하고 있는 금액 차이는 상당히 크다. 한 명은 받은 돈을 다 써버려서 남은 돈이 없다. 한 명은 반 정도는 쓰고 나머지는 저축한다. 그리고 나머지 한 명은 돈을 별로 쓰지 않아 많은 돈이 남아 있다. 어른들이 보기에는 큰 자산이 아니기는 하지만, 이들 나이를 고려하면 상당한 자산 격차가 존재한다. 자산의 불평등도가 심하다.

보통 사회에서 자산의 불평등, 자산 격차를 이야기할 때는 소득의 차이, 각자의 환경이나 제도의 차이 등을 이야기한다. 그런데 이들은 아직 소득이 없고, 같은 집에서 살고 있으니 환경, 제도도 동일하다. 그런데도 이렇게 자산 격차가 발생하는 이유는 왜일까. 이건 각자의 자산에 대한 태도, 소비와 저축 등에 대한 태도로 봐야 할 것 같다. 어쩌면, 소득, 사회적 제도 등에서 발생하는 격차보다, 각자의 선택과 성향에 의한 격차가 더 크게 작용하는 게 아닐까 싶을 정도이다.

자산의 격차가 커지는 이유

이런 개개인 측면이 아니라 사회적 측면에서, 구성원들의 소득, 환경 등이 거의 차이가 없었는데도 사회적 불평등, 격차가 커진 경우가 있을까? 있다. 스파르타가 그런 경우이다. 역사상 평등 시스템으로 가장 유명한 나라는 고대 그리스 스파르타일 것이다. 스파르타는 초기 국가 형성 단계에서 리쿠르고스라는 혁명가가 나타나 시민 간 빈부 차이가 없는 완전한 평등을 이루도록 개혁을 했다. 스파르타는 모든 사람의 토지를 몰수하고 똑같은 구획의 땅 3

만 개로 나누었다. 그리고 이 중 9,000개를 스파르타 남성 시민들에게 하나씩 나누어주었다. 나머지 21,000개 땅은 시민권이 없는 주변인, 스파르타에 항복해 온 사람, 노예 등이 경작하게 했다.

이런 개혁으로 모든 스파르타 남성 시민은 똑같은 크기의 땅을 가지게 되고, 재산 차이가 없이 똑같은 조건에서 살게 되었다. 재산만이 아니라 리쿠르고스는 여러 가지 평등을 위한 조치를 했다. 사람들이 먹는 것에서 차이가 있어서는 안 된다. 그래서 공동 식당을 만들어서 지역별로 같이 모여서 식사를 하도록 했다. 각자가 먹을 것을 가져오고, 이걸 모두 같이 나누어 먹는 시스템이었다. 또 주택의 크기와 구조도 정해주어, 모든 시민이 같은 형태의 집에서 살았다. 사치를 하지 않도록 하기 위해 아예 사치품은 만들지도 못하고 거래되지도 못하게 했다. 당시 주변 다른 나라들은 금화를 사용했는데, 스파르타는 사치를 막겠다고 금화가 아니라 녹슨 쇠를 화폐로 사용했다.

또 사람들 사이에 차이가 발생하는 큰 이유 중 하나가 가정환경이다. 부모의 교육 등에 의해 아이들 사이에 차이가 생겨난다. 스파르타는 이런 차이가 나타나지 않도록 7살부터 아이들이 공동생활을 하도록 했다. 단순히 유치원, 학교 등에서의 공동생활이 아니라 합숙을 같이하는 공동생활이다. 아예 같이 살게 하니, 부모의 영향으로 아이들 사이에 격차가 발생하지는 않았다.

이렇게 시민 간의 격차가 없도록 평등을 추구했다면, 스파르타 시민들은 평등했어야 한다. 각자 개성과 신체 조건이 다른 건 어쩔 수 없었을지라도, 최소한 모두에게 똑같이 땅을 분배했으니 재산 측면에서는 동등했어야 했다. 그런데 시간이 지날수록 스파르타 시민 사이의 불평등도는 커져만 갔다.

스파르타 시민은 무기 구입 및 공동생활 시스템이 유지될 수 있도록 기부금을 내야 했다. 이 기부금을 내지 못하는 사람들은 시민 계급에서 떨어져 나갔다. 처음에 9,000개의 땅을 나누어주었으니 시민은 9,000명이었는데 이건 정확히 언제인지 확실하지 않다. 그런데 기원전 480년경에는 시민이 8,000명 정도였고, 기원전 418년에는 4,000명이었다. 기원전 371년에는 1,200명이었고, 기원전 240년에는 단지 700명이었다. 그런데 이 700명도 온전하게 재산을 보유한 건 아니었다. 진짜 자산이 있는 사람은 100명 정도였고, 나머지 600명은 빚이 있었다. 시민계급에서 떨어져 나갈 위험에 처해 있는 사람들이었다. 단지 200여 년 사이에 빈부 격차가 없는 완전 평등 사회가 극도로 불평등한 사회, 특히 대부분의 사람들이 재산을 잃고 가난하게 된 사회가 되었다.

스파르타 시민들이 사치를 해서 재산을 잃은 것은 아니다. 스파르타는 극도로 사치를 억제하는 사회였고, 사치하려 해도 사치할 수 있는 상품이 없었다. 금화도 쓰지 않고 녹슨 쇠 화폐를 썼던 스파르타다. 스파르타 인들은 특별히 돈을 쓸 일도 없었는데 어떻게 돈이 없어 다른 사람들에게 땅을 파는 일이 계속 발생했을까. 모두가 같은 조건에서 시작했는데, 이렇게 격차가 발생한 이유는 무엇일까?

모두에게 평등하게 나누어주었는데 격차가 심하게 발생하게 된 예로 러시아 민영화의 경우도 있다. 러시아에는 올리가르히라는 초부유층이 있다. 이들은 러시아 주요 대기업들의 주주로 러시아 경제를 지배하고 있다. 과거 소련 사회주의 사회에서 주요 대기업들은 모두 국유기업이었다. 1991년 소련이 무너지면서 국가 소유의 기업들을 민영화했는데, 이 과정에서 대기업들을 소유하고 지배하게 된 게 올리가르히이다.

소련 당시 사회주의 사회에서 올리가르히들이 대기업을 살만한 돈이 있을 리가 없다. 그럼에도 불구하고 이들이 대기업 대주주가 될 수 있었던 건 민영화 과정에서 아주 저렴한 가격으로 주식을 살 수 있었기 때문이다. 러시아는 국가 주요 대기업들을 민영화하면서, 1억 5천만 명 러시아 국민에게 주식을 살 수 있는 바우처를 무료로 나누어주었다. 러시아 국민은 이 바우처를 이용해서 러시아 대기업들의 주주가 될 수 있었다. 하지만 대부분의 러시아 국민은 이 바우처를 대기업 주식으로 바꾸지 않았다. 그냥 바우처를 사겠다는 사람에게 푼돈을 받고 팔아버렸다. 이때 바우처를 일반 사람들로부터 대량으로 사서 모은 사람들이 있다. 그 사람들이 대량으로 모은 바우처를 대기업 주식으로 바꾸면서 대주주가 될 수 있었고, 이들이 올리가르히가 된다.

모든 사람이 똑같이 재산을 가진다고 해서 평등한 사회가 되는 건 아니었다. 똑같이 용돈을 받았는데 돈이 많은 아이가 있고, 돈이 없는 아이가 있다. 몇천 명이 똑같이 땅을 나누어 가졌는데,

대부분은 그 땅을 처분하고 100여 명만 자산가로 남았다. 1억 5천만 명에게 똑같이 주식 바우처를 나누어주었는데, 대부분은 그냥 팔아서 쓰고 소수만 기업의 주주로 남았다.

자산을 모으는 자와 처분하는 자

러시아 민영화 경우는 개인의 환경에 따라 바우처를 그냥 처분했다고 할 수 있지만, 스파르타인들은 같은 소득과 환경 속에 지내고 있었으니 그런 변명도 하기 어렵다. 이건 개인의 선호와 상황에 따라 자산 격차가 발생했다고 봐야 한다. 자산을 모으려는 사람이 있고, 자산이 있으면 그걸 처분해서 당장 쓰려는 사람이 있다. 자산을 계속 모으는 사람은 자산을 늘려나가고, 결국 자산을 도중에 처분해서 소비하는 사람과는 커다란 차이를 만들어낸다. 처음에는 별 차이 없을 것이다. 하지만 시간이 지날수록 그 차이는 점점 커진다.

성서 마가복음 4장 25절에서는 '있는 자는 받을 것이요, 없는 자는 그 있는 것까지도 빼앗기리라'라고 말하고 있는데, 정말 그 말대로 자산을 모으는 자와 자산을 처분하는 자 간의 차이는 커지게 될 것이다.

많은 사람이 사회적 제도를 혁신해서 자산을 모든 사람에게 골고루 보유하게 하면 사회적 불평등, 자산 격차가 없어질 것으로 생각한다. 하지만 자산 격차가 사회적 제도 때문만이 아니라 개인의 선택과 선호에도 크게 영향을 받는다면 어떨까? 자산을 골고루 나누어 가진다 해도 결국 다시 불평등, 자산 격차 사회로 회귀할 수밖에 없다. 이런 점에서 볼 때 사회적 제도 개선보다, 개개인들이 자산을 최대한 처분하지 않고 모아나가도록 하는 것이 사회의 자산 격차를 줄이는 데 더 도움이 되는 길인지도 모른다.

THE PSYCHOLOGY of BIG MONEY

04

주식이냐 부동산이냐 코인이냐

가끔 주변에서 이런 질문을 받는다. '주식을 하는 게 좋을까 부동산을 하는 게 좋을까?' 투자를 본격적으로 시작하려 하는데, 주식에 투자하는 게 좋은지, 부동산에 투자하는 게 좋은지에 대한 질문이다. 최근에는 한 가지가 더 추가되었다. '주식, 부동산, 코인 중 어느 게 좋을까?'

그런데 내가 보기에 이건 대학에 들어가기 위해 '수학을 하는 게 좋을까 영어를 하는게 좋을까' 묻는 것과 같다. 그냥 아무 대학이나 들어간다면 수학만 하거나 영어만 하거나 해도 된다. 그러나 어느 정도 좋은 대학에 들어가려면 수학만 하거나 영어만 하면 안 된다. 둘 다 어느 정도는 해야 한다.

건강을 위해서 근육을 길러야 하느냐 유산소운동을 해야 하느냐도 비슷하다. 둘 다 같이 해야 하는 거지, 근육만 기르면 곤란하고, 근력운동 없이 유산소운동만 해도 한계가 있다. 마찬가지다. 그냥 투자를 한다면 주식만 한다거나 부동산만 한다거나 해도 된다. 그러나 나중에 성공적인 투자자가 되려면, 그러니까 충분한 수익을 얻고 실제로 잘 살 수 있는 투자자가 되려면 주식과 부동산 모두에 관심을 가져야 한다.

전문성을 키우려면 한 가지만?

이 세상은 전문성을 중요시한다. 여러 가지를 하는 사람보다 한 가지만 하는 사람이 더 잘하고 성공할 가능성이 높다. 그러니 주식과 부동산을 같이 하는 것보다 주식이나 부동산 중 하나에 초점을 두는 사람이 더 성공 가능성이 높지 않을까?

직업이라면 그 말이 맞다. 주식을 직업으로 하는 사람, 부동산을 직업으로 하는 사람이라면 그 한 가지에 초점을 맞추어야 한다. 주식이 직업인 애널리스트나 펀드 매니저, 주식 중개인은 부동산에 신경 쓰지 않고 주식만 전문으로 해야 한다. 부동산이 직업인 부동산 개발자, 부동산 중개인 등은 부동산만 전문으로 해야 한다. 그래야 성공 가능성이 높다. 하지만 투자를 직업으로 하는 일반인은 아니다. 처음부터 주식과 부동산 둘 다 관심을 가지고 시작해야 한다. 부동산을 하려면 목돈이 필요하다. 돈이 부족해서 부동산이 아니라 주식으로 시작할 수는 있다. 하지만 그렇더라도 계속 부동산도 바라보면서 나중에 돈이 생겼을 때 어떻게 해야겠다는 계획은 있어야 한다.

그냥 부동산은 신경 쓰지 않고 주식만 해서, 주식으로 크게 돈을 벌면 되는 거 아닌가. 주식만으로 돈을 벌면 되지 부동산까지 해야 할 이유가 있을까? 이런 생각이 들 수 있다. 그런데 주식으로만 돈을 늘리다 보면 문제점이 생긴다. 주식은 변동성이 크다. 재산이 늘어나면 변동성도 커진다. 그 어마어마한 변동성 때문에 삶의 안정감을 갖기 어렵다.

1천만 원 주식을 가지고 있으면 보통 하루 몇십만 원 움직일 것이다. 이 정도는 괜찮을 수 있다. 그런데 10억 원 주식을 가지고 있으면 하루 몇천만 원이 움직인다. 그동안 계속 투자로 돈을 불려온 주식 투자가라면 이 정도 움직임은 아무렇지 않을 것이다. 하지만 주식시장은 주기적으로 폭락이 온다. 금융위기, 경제위기 등이 발생해서 대폭락 시기를 맞이한다. 이때는 10억 원 주식이 그냥 반 토막 난다. 50억 원을 가지고 있었으면 25억 원은 날라간다. 반 토막만 난다면 그래도 괜찮다. 그러나 이런 시기에는 정말 주식시장이 완전히 붕괴될 것처럼 보인다. 가진 재산을 모두 잃을 두려움에 빠진다. 만약 신용을 많이 쓰면서 주식 투자를 하고 있었다면 실제 이 시기에 망한다.

부동산 자산이 있으면 이렇게 주기적으로 다가오는 위기를 큰 어려움 없이 넘길 수 있다. 부동산을 소유하고 있으면 어쨌든 지금 사는 집에서 계속 살아갈 수 있다. 또 주식이 망해도 부동산 월세 수입 등으로 어쨌든 살아갈 수 있다. 주식시장이 붕괴될 때는 싼 가격에 계속 사는 것이 중요한데, 주식만 해온 사람은 이때 주식을 새로 살 돈이 없다. 부동산 수익이 있어야 이때에도 계속 주식을 살 수 있어 나중에 회복될 때 더 큰 이익을 볼 수 있다. 주식 시장이 붕괴할 때 주식 이외의 자산이 있느냐 없느냐는 굉장히 중요하다. 부동산은 투자자에게 굉장한 안전판 작용을 한다.

그럼 주식으로 큰돈을 벌고 나서 그때 그 돈으로 부동산을 사면 되는 거 아닐까. 처음부터 부동산에 관심을 가질 것 없이, 주식에서 크게 성공하고 그때 부동산을 살 수도 있지 않나. 그런데 주식으로 제대로 성공하면 부동산에 관심을 가지기 어렵다. 한국에서 부동산이 좋다고 하지만, 실제 수익률은 주식이 더 높다. 성공한 주식 투자가는 부동산을 쳐다보지 않는다.

하지만 성공한 주식 투자가도 나중에 부동산이 필요하다는 것은 인식한다. 일단 자기가 살 집이 필요하고, 자식들에게 보금자리를 줄 생각도 한다. 또 나이가 들면 안정감이 필요해지는데 계속 변동성 높은 주식만 들고 있을 수는 없다. 이때 돈이 있으니 비싼 집이나 빌딩을 살 수는 있다. 그런데 부동산 초보자가 좋은 부동산을 잡고 제대로 관리할 수 있을까? 주식으로 번 돈 부동산으로 잃기 딱 좋다. 망하지야 않겠지만, 실질적으로 큰 손해를 볼 가능성이 커진다. 미리부터 부동산에도 관심을 가져야 하는 이유이다.

그럼 부동산으로 큰돈을 모으는 건 어떨까? 주식을 하지 않고 부동산에 초점을 두어 부를 늘릴 수도 있다. 그런데 부동산에는 치명적인 문제가 있다. 재산은 있는데 돈이 없다는 것이다.

부동산은 목돈이 들어간다. 많은 경우 내가 가진 돈이 모두 들어가고 대출도 있다. 그러면 그 부동산을 팔 때까지는 돈이 없다. 부동산을 팔아 돈이 생겨도 마찬가지다. 부동산으로 돈을 벌기 위해서는 부동산을 팔고 나서 다른 부동산으로 갈아타야 한다. 다시 돈이 없어지고, 또다시 대출이 생긴다. 원하는 재산이 만들어질 때까지 정말 오랜 시간이 걸리는데 그 사이에는 계속 돈이 없다. 월세 나오는 오피스텔이 늘어나고, 빌라 등 부동산이 늘어나서 재산이 늘어나는 것 같기는 한데, 내 생활은 예전이나 지금이나 똑같다. 월세 수입이 늘어나고 있기는 한데, 대출금도 늘어나 이자는 계속 부담이다.

부동산으로 계속 성공하면 강남에 아파트도 구할 수 있고, 빌딩도 구할 수 있다. 재산은 분명 늘어났는데, 쓸 수 있는 돈은 없다. 물론 그 정도 되면 어느 정도 쓸 수 있는 돈이 있기는 하겠지만, 재산 규모에 비해서는 정말 별거 아닌 돈이다. 자기는 이렇게 사는데 주식으로 돈을 번 사람들은 부동산이 없어도 고급 아파트에 월세로 살면서 돈을 펑펑 쓰며 잘 산다. 어느 순간이 오면 이렇게 검소하게 살기 위해 평생 부동산 투자를 해온 게 아닌데라는 회의감이 든다. 돈을 쓰면서 잘살기 위해서는 부동산이 아니라 주식을 해야 했다.

하나만으로는 한계가 있다

주식이든 부동산이든 하나만으로는 한계가 있다. 그래서 직업으로서가 아니라 일반인이 투자로서 접근할 때는 주식, 부동산을 같이 해야 한다고 본다. 이렇게 하면 모든 돈을 끌어모아, 소위 영끌을 해서 부동산을 사는 일은 없다. 그렇게 하면 주식할 돈이 없어지기 때문이다. 주식, 부동산을 같이 하면 신용을 써서 주식에 올인하는 일도 없어진다. 부동산 대출이 있는 상태에서 신용을 많이 쓰는 건 제대로 된 투자자가 할 일은 아니다. 물론 아주 큰돈이 이미 있는 상태에서는 주식만 해도, 부동산만 해도 별 상관없다. 하지만 부를 만들어가는 과정에서는 포트폴리오가 중요한데, 주식과 부동산을 같이 하면 나름 이상적인 포트폴리오가 저절로 만들어진다.

코인은 어떨까? 코인도 주식, 부동산과 같이 투자 목록에 넣어야 할까? 나는 코인을 주식과 완전히 별개로 보지 않는다. 주식보다 훨씬 변동성 높은 투자 상품이 코인이라고 본다. 코인은 아무 가치 없는 쓰레기라고 비판하는 사람들도 많지만, 아무 가치 없는 쓰레기 같은 주식을 많이 봐온 나로서는, 나쁜 주식이나 코인이나 별 차이 없다. 단지 주식보다 변동성이 훨씬 더 큰 게 차이점일 뿐이다. 그러면 포트폴리오 구성 상 코인을 추가해도 별 문제 아니다. 투자자금 대부분을 변동성 높은 투기성 자산에 넣는 것은 위험하지만, 10% 정도 투자금은 한탕을 노리고 걸어볼 수 있다. 그 정도 비중이라면, 코인도 충분히 고려할 수 있다고 본다.

　어쨌든 현실적으로 사업에 직접 뛰어들지 않는 한 보통 사람이 할 수 있는 투자는 주식, 부동산, 코인 정도다. 그리고 이 세 가지는 서로 배타적인 게 아니라 서로 보완적이다. 모두 다 할 때 투자에 대해 더 잘 알고 더 성공적인 투자가가 될 수 있다고 본다. 어느 한 가지를 피하지 말고, 모두 다 관심을 가질 필요가 있다.

THE PSYCHOLOGY of BIG MONEY

05

비트코인은 얼마까지 오를 수 있을까?

2025년 5월 22일, 비트코인이 11만 달러를 넘어 신고가를 달성했다. 비트코인이 신고가를 뚫자 또다시 비트코인 가격에 대한 이야기가 많았다. 올해 중에 20만 달러가 될 수 있다는 예상들이 언급되고, 나중에는 50만 달러, 100만 달러가 될 수 있다는 이야기도 나왔다.

그러면 정말 비트코인은 얼마까지 오를 수 있을까? 지금 11만 달러가 비트코인이 오를 수 있는 마지막 단계라면 바로 팔아야 한다. 비트코인이 20만 달러, 또는 10억 원이 될 수 있다는 말들을 하는데, 그러면 그때까지 기다렸다 팔면 된다. 비트코인이 얼마까지 오를 수 있느냐는 예상은 중요하다. 비트코인을 언제 팔아야 하는 건지에 대한 기준점이 되기 때문이다. 주식은 어느 정도까지 오를 것인가에 대한 애널리스트들의 판단이 그리 별 차이가 없다. 그런데 비트코인은 예상하는 사람에 따라 그 가격이 2억 원에서 몇십억 원까지 너무 차이가 난다. 그중 뭘 믿고 투자의 기준을 삼아야 할까?

비트코인 예측이 힘든 이유

비트코인 가격 예상이 힘든 이유는 비트코인이 다른 투자 상품과 달리 가치를 만들어내지 못하기 때문이다. 1년을 보유했을 때 500만 원 이익이 나온다면, 그건 1억 원 정도 한다고 가격을 예상할 수 있다. 시장 이자율에 따라 차이가 있기는 하지만 그래도 5천만 원에서 2억 원 사이라고 예측할 수 있다. 기업은 1년에 이익이 얼마나 되는지, 얼마나 성장하는지, 그리고 보유 자산이 얼마나 되는지 등을 따져 예측치를 산출할 수 있다. 그런데 비트코인은 가지고 있어봤자 아무런 이익이 없고 어디 사용하는 데도 없다. 아무짝에도 쓸모없으니 가격을 산정할 수 없고, 그러니 현재 비트코인 가격은 그냥 거품일 뿐이라는 비판이 많은 것이다.

그런데 아무짝에 쓸모가 없는 것이 정말 문제가 되는 것일까? 장자 제4편 인간세人間世에는 나무 그늘에 1천 대의 마차가 늘어설 정도로 큰 나무에 대한 에피소드가 나온다. 이 나무는 어떻게 이렇게 커질 수 있었을까? 맛있는 과일이 열리는 나무는 과일이 익으면 가지가 꺾이고 부러진다. 목재로 사용하기 좋은 나무라면, 어느 정도 크면 사람들이 잘라 이것저것 만든다. 잎새가 향기로와 쓸데가 있으면, 사람들이 잎새가 자랄 때마다 떼어내어 나무가 크지 못한다. 그런데 이 나무는 아무짝에도 쓸모가 없었다. 그래서 사람들이 잘라내지 않았고, 이렇게까지 큰 나무가 되었다. 쓸모가 없었기에 크게 자란 것이다.

비트코인은 이 쓸모없는 나무와 같다. 아무런 이익을 주지 못하고, 그래서 이렇게 비싸질 수 있는 것이다. 만약 조금이라도 이익이 나거나 사용처가 있다면 그 이익과 효용에 따라 가격이 산정될 텐데, 그러면 절대 지금처럼 비싸질 수 없다. 쓸모없는 나무가 크게 자랄 수 있듯이, 아무 이익도 없는 비트코인이기에 10만 달러가 넘게 오를 수 있는 것이고, 앞으로 얼마나 더 오를지에 대한 논의가 생기는 것이다.

그러면 비트코인이 얼마까지 오를 수 있을까? 내 생각은 '한계가 없다'이다. 2억 원은 물론이고 10억 원도 될 수 있다. 50억 원, 100억 원도 가능하고 그 이상도 가능하다. 끝없이 가격이 올라갈 수 있는 것, 그게 비트코인의 속성이라고 본다.

비트코인의 가장 큰 특징은 공급량이 2,100만 개로 고정되어 있다는 점이다. 금 조차도 가격이 오르면 채굴이 늘어나 생산량이 증가된다. 하지만 비트코인은 2,100만 개 고정이다. 공급이 절대적으로 고정되고 앞으로 절대 공급이 늘어날 수 없는 비트코인과 가장 유사한 상품으로는 뭐가 있을까? 작가가 이미 사망한 그림들이다. 그래서 나는 비트코인은 그림 등 예술품과 같다고 본다. 아무리 그래도 비트코인을 예술품과 비교하는 건 좀 그런가? 그렇다면 마니아 한정품이라고 해두자. 마이클 조던 카드, 포켓몬 카드 등 예전에 한정품으로 발매되었기에 더 이상의 공급이 불가능한 상품이다.

공급량이 한정된 상품

경제학의 기본은 '가격은 공급과 수요에 의해서 결정된다'이다. 예술품, 포켓몬 카드, 비트코인은 공급이 고정되어 있으니, 가격은 수요 측에 의해서 결정된다. 수요가 많으면 가격이 오르고, 수요가 없으면 가격은 내려간다. 고흐, 피카소 그림은 수요가 많다. 그래서 작품 가격이 몇백억 원이 넘어간다. 하지만 인기가 없어 수요가 없는 작가 그림은 그냥 줘도 안 가져간다.

마니아 한정품도 마찬가지다. 수요가 높은 한정품의 가격은 보통 사람들은 도무지 이해할 수 없는 수준이다. 2003년 발행된 마이클 조던 카드는 40억 원이 넘고, 1952년 발행된 유명 야구선수 미키 맨틀 카드는 173억 원에 거래되었다. 포켓몬 카드도 70억 원에 거래된 게 있다. 이런 건 보유한다 해서 이익이 나오는 것도 아니고 어떤 쓸모가 있는 것도 아니다. 하지만 엄청나게 높은 가격을 형성하고 있다. 공급이 없는데 수요가 몰리면 이렇게 된다.

비트코인도 이런 한정품이다. 공급량이 2,100만 개로 이런 것들보다 많기는 하지만, 그래도 분명 추가적인 공급이 불가능한 한정품이다. 만약 전 세계에서 비트코인을 1개는 꼭 보유하려는 사람이 2,100만 명이 안 된다면 비트코인은 수요보다 공급이 더 많다. 이때 비트코인 가격은 0이다. 공짜로 줘도 안 가져간다. 그런데 비트코인을 1개라도 꼭 가지고 싶다는 사람이 2,100만 1명만 된다면 비트코인 가격은 천정부지로 오를 수 있다.

포켓몬 카드 1장이 있을 때 이 카드를 꼭 가지고 싶어 하는 사람이 2명 있고, 이들이 카드 구입에 사용할 수 있는 자금이 각각 10만 원이라고 하자. 그럼 이 카드 가격은 10만 1원이 된다. 누구든 1원이라도 더 쓰려고 하는 사람이 이 카드를 가져간다. 만약 한 사람은 10만 원, 다른 사람은 100만 원이라고 하면? 그래도 이 카드 가격은 10만 원이다. 그런데 2명이 각각 100만 원을 쓸 용의가 있다면? 그러면 이 카드 가격은 100만 1원이 된다. 1억 원을 가진 사람 2명이 이 카드를 가지려 달려들면 1억 원이 되고, 10억 원을 가진 사람 2명이 서로 카드를 가지겠다고 다투면 10억 원이 된다. 한정품의 가격은 그냥 수요에 의해 정해지는 게 아니다. 돈이 있는 사람들이 얼마나 달려드느냐에 따라 크게 차이가 난다. 돈이 있는 사람들이 달려들면 그 가격은 천정부지로 오른다. 하지만 돈이 없는 사람들 사이에서 수요가 높으면, 가격이 형성되기는 하지만 별로 오르지 않는다.

비트코인의 가격을 결정짓는 요소

비트코인의 가격을 결정짓는 요소도 마찬가지다. 우선 비트코인을 1개라도 가지고 싶어 하는 사람이 2,100만 명이 넘느냐 아니냐가 중요하다. 그리고 비트코인을 1개라도 가지고 싶어 하는 사람들이 부자들이냐 아니냐가 중요하다.

비트코인을 가지고 싶어 하는 사람이 2,100만 명이 넘느냐는 이전에 기준을 통과했다. 비트코인에는 매니아들이 있다. 전 세계적으로 2,100만 명은 훨씬 넘는다. 그런 사람들이 있었기에 비트코인은 가격이 형성되고 전 세계적으로 거래되었다. 문제는 비트코인을 가지고 싶어 하는 사람들이 부자이냐 아니냐다. 처음에 비트코인 마니아들은 컴퓨터 기술자, 암호화폐 전문가, 얼리어답터 들이었다. 부자들은 비트코인 같은 불확실한 것에는 눈을 돌리지 않았다. 그래서 가격은 형성되어도 그리 높지는 않았다. 그런데 이제는 완전히 달라졌다. 부자들이 비트코인을 사고 있다. 하나은행의 2025년 웰스 리포트에 의하면 한국에서도 금융자산 10억 원 이상 부자들 3명 중 한 명은 비트코인 등 가상자산을 보유한다. 보유액도 평균 4,200만 원으로 해마다 연 15%씩 늘어나고 있다. 무엇보다 전 세계 기업과 투자기관들이 비트코인을 구매하고 있다. 이들은 사려고 마음먹으면 가격이 얼마가 되든 무조건 산다. 더구나 이들은 1개만 사는 게 아니라 몇백 개, 몇천 개를 구입한다. 이런 구매자가 100만 명만 있어도 비트코인 가격은 천정부지로 오를 수 있다. 보통 사람들이 어떻게 생각하는지는 상관없다. 한정품 가격은 마지막 1개를 사는 사람이 얼마까지 지불할 수 있느냐에 따라 정해진다. 그 한계선에 있는 사람이 10억 원이라도 사겠다고 하면 10억 원이 되는 것이고, 50억 원이라도 사겠다고 하면 50억 원이 된다.

비트코인은 공급이 고정된 한정품이다. 이런 건 수요자들이 얼마나 되는지, 그리고 수요자들의 재력이 어느 정도 수준이냐에 따라 가격이 결정된다. 비트코인의 가격은 2억, 10억, 30억 원에서 멈출 수밖에 없는 게 아니다. 그 이상으로도 얼마든지 더 오를 수 있다. 비트코인 가격은 한계가 없다. 그게 나의 생각이다.

THE PSYCHOLOGY of BIG MONEY

06

부자가 되는 데 필요한 시간

지인 A가 나에게 자신의 경제 상태를 공개하며 문의를 해왔다. 빚을 제외하고 순자산 3~4억 원 정도 되는 부동산이 있고, 1억 원에 가까운 금융자산이 있다. 안정적이고 소위 말하는 고연봉의 직장을 가지고 있다. 지인 A는 현재보다 더 많은 돈을 보유하기를 원한다. 계속 돈을 모으고 투자를 해서 몇십억 원의 자산을 보유한 부자가 되고 싶어 하는데, 언제쯤 그게 가능할까를 물어본다. 그에 대한 나의 대답은 이렇다.

"지금 그 정도의 자산 규모라면, 앞으로 계속 꾸준히 하면 10년 정도면 가능하겠다."

그런데 나의 대답을 들은 A의 얼굴빛이 밝지 않다. 상당히 기분 나쁜 표정이다. A는 나에게 2~3년, 길어야 4~5년 정도의 대답을 듣고 싶어 했던 것 같다. 그런데 전혀 기대하지 않은 '10년 이상'이라는 대답을 듣고 기분이 상한 것이다.

그러니 계속 확인하는 질문을 한다.

"돈을 벌려고 굉장히 열심히 노력하고, 또 잘하면 어떨까? 크게 실패하지 않고 성공적으로 투자를 하면 얼마나 걸릴까?"

하지만 나의 대답은 별로 달라지지 않는다.

"잘했을 때 10년 정도 걸린다는 이야기이야. 좀 잘못되거나 무슨 일이 생기면 15년 정도로 봐야 하지 않을까. 그래도 지금 금융자산이 1억 원 정도 있기 때문에 10년이라고 하는 거야. 그 종자금이 없다면 못해도 3년 정도는 더 걸리겠지."

부자가 되는데 10년 이상은 걸릴 거라는 나의 대답은 A가 원하는 대답이 아니었다. 결국 A는 기분 나쁜 상태에서 돌아갔다.

세상에는 시간이 필요한 일이 있다

내가 대학교수였던 시절, 한 학생이 도움을 청해온 적이 있다. 이 학생은 열심히 자격증 시험공부를 하고 있었다. 다른 과목은 다 합격선이다. 그런데 한 과목, 경제학이 문제였다. 그동안 이 학생은 경제학을 공부한 적은 없었는데, 자격증 수험 공부를 하면서 벼락치기 공부를 하는 중이었다. 하지만 다른 과목은 그냥 다 외워서 풀면 되는데 경제학만은 그게 되지 않는다고 했다. 그래서 경제학과 출신인 나에게 특별 지도를 부탁하러 왔다.

"한 달 사이에 경제학에서 과락을 넘길 수 있는 방법을 알려 주실 수 있나요? 경제학에서만 과락을 면하면 시험에 합격할 수 있거든요."

이때 나는 이 학생의 기대에 찬물을 끼얹었다.

"경제학을 한 달 사이에 마스터할 수 있는 방법은 없어. 못해도 6개월은 공부해야 하지. 올해는 포기하고 내년을 준비하는 게 좋겠다."

경제학을 공부해 본 사람은 알겠지만, 경제학은 암기 과목이 아니다. 수학과 같이 이해를 바탕으로 하는 과목이다. 여러 수식이 나오는데, 그 수식이 어떻게 나오는 건지, 무엇을 의미하는지 등의 원리를 이해해야 그 수식들을 응용해서 문제를 풀 수 있다. 그러니 경제학 문제를 아무리 열심히 외워보았자 다른 문제 푸는 데 별 도움이 안 된다. 각 개념을 이해하고 응용을 할 수 있어야 하는데 그건 한 달 사이에 불가능하다.

"저는 머리가 좋은 편이에요. 그러니 한 달 사이에 가능하지 않을까요? 진짜 열심히 하면 말이에요."

이 학생은 실제 똑똑한 학생이었고, 열심히 하는 학생이었다. 그렇기 때문에 6개월 정도면 경제학 문제를 풀 수 있을 것이고, 그 다음 해에는 합격선을 받을 수 있을 거로 예상한 거다. 그렇지 않았다면 훨씬 더 오랜 시간이 걸릴 것이다.

하지만 이 학생은 1년이라는 기간을 버티는 걸 어려워했다. 지금 당장, 몇 달 사이에 결과를 얻으려 했다. 그런데 세상의 일 중에는 시간이 지나야 이루어지는 일도 있다. 공부는 시간이 필요한 일이다. 아무리 열심히 하고 운이 좋아도, 시간을 뛰어넘을 수는 없다.

몇십억 원을 가진 부자가 되는 것도 마찬가지다. 부자가 되기 위해 여러 조건이 충족되어야겠지만, 그중에서 가장 중요한 요소 중 하나가 시간이다. 부자가 되기 위해서는 시간이 필요하다.

워런 버핏의 투자 기법은 어렵지 않다. 누가 봐도 좋은 우량기업 주식을 사서 오랫동안 팔지 않고 기다리는 것이다. 물론 무조건 장기간 오래 가지고 있는 건 아니다. 우량기업인 줄 알고 샀는데 우량기업이 아니었다거나, 우량기업이었는데 더 이상 우량기업이 아니게 되면 판다. 하지만 우량기업으로 남아 있는 한 주식을 팔지 않고 계속 보유한다. 어떤 사람이 워런 버핏에게 질문을 했다. "이렇게 간단한데 왜 사람들이 이 기법으로 부자가 되기 힘든가?"

워런 버핏은 대답은 이랬다. "사람들은 빨리 부자가 되고 싶어 한다."

우량 기업의 주식을 오래 들고 있는 건 부자가 되는 확실한 방법이다. 이건 경제학자로서 갑부가 된 케인스가 제시한 투자 성공 방법이기도 하고, 개인 투자자이면서 세계 포브스 500대 부자 명단에 올라 전설적인 투자자가 된 셸비 데이비스가 실천한 방법이기도 하다. 하지만 사람들은 이들의 방법을 따라 하지 못한다. 우량주를 사는 건 쉽게 따라 한다. 하지만 '오래' 들고 있는 걸 못한다. 그 주된 이유 중 하나는 워런 버핏의 말처럼, 빨리 부자가 되고 싶은데 단지 우량주를 오래 들고 있는 것으로는 빨리 부자가 되기 힘들기 때문이다. 우량주를 오래 들고 있으면서 부자가 되는 데는 굉장히 오랜 시간이 필요하다. 못해도 10년 이상의 시간이 필요한데 그 기간을 버티지 못한다. 도중에 우량주를 팔고 이런저런 다른 방법을 탐색한다. 하지만 10년이 지나 보면, 그냥 우량주 아니면 좋은 부동산을 계속 가지고 있었던 사람들의 재산이 더 불어 있다. 더 좋은 부동산 투자를 하려고 사고팔고 하는 사람들보다, 그냥 좋은 입지의 아파트를 오랫동안 계속 가지고 있었던 사람들의 재산이 더 늘어난다. 투자의 패러독스다.

열심히 하면 부자가 될 수 있는 기간을 줄일 수 있지 않을까? 열심히 해서 기간이 감소되는 영역이 있고 별 상관없는 영역이 있다. 벼는 가을이 되어야 익는다. 내가 열심히 한다고 해서 봄에 익는 경우는 없다. 좀 빨라진다 해도 며칠 더 일찍 수확할 뿐이다. 몇 달을 줄이는 건 불가능하다. 부자가 되는 것도 이런 영역이다. 사업으로 성공하는 거라면 그래도 빠른 시일 내에 부자가 될 수 있다. 하지만 투자로 부자가 되는 건 절대적인 시간이 필요한 영역이다.

내가 똑똑하면 기간이 줄어들지 않을까? 세상에 투자만큼 똑똑한 것과 상관없는 영역은 없을 것이다. 똑똑한 사람들은 어느 한 분야에 지긋이 오랫동안 있는 것을 지겨워한다. 바로바로 새로운 것을 익히고 배워서 적용하려 한다. 다른 분야에서는 똑똑한 것이 큰 장점이 될 수 있다. 하지만 투자 영역에서는 똑똑한 건 장점이라기보다 단점에 가깝다. 단기간의 성공적인 투자는 여러 번 잘 해낼 수 있겠지만, 막상 부자가 되기는 어렵다. 천재 경제학자로 일컬어지는 케인스도 그 재능을 이용해서 투자 종목을 사고팔고 할 때는 큰돈을 벌지 못했다. 그냥 우량주를 사서 오래 가지고 있는, 즉 자기 재능을 이용하지 않고 지루한 투자를 했을 때 큰돈을 벌 수 있었다. 똑똑하다고 부자가 되는 기간이 줄어드는 게 아니다.

투자의 기본은 시간이다

A는 10억 원 이상의 자산을 가진 부자가 되기 위해서는 10년은 필요하다는 나의 대답에 실망했다. 하지만 난 정말로 최소 10억 원 이상, 몇십억 원의 자산이 이루어지는 데는 10년 이상의 시간이 필요하다고 생각한다. 그 정도의 시간 계획을 갖고 투자를 해야 한다. 그렇게 길게 보지 않고 2~3년, 4~5년 만에 달성하려고 하면 필연적으로 고수익 고위험 상품을 바라보게 된다. 어쩌다 몇 번, 단기간으로는 고수익 고위험 상품에서 커다란 이익을 올릴 수 있다. 하지만 고수익 고위험 상품을 몇 년 동안 계속 다루게 되면 그 사이 반드시 큰돈을 잃는 시기가 온다. 10년 이상을 바라보며 지금 당장 고수익이 가능하기는 하지만 위험이 높은 상품은 피해

가는 게 오히려 목적지에 빨리 도달할 수 있다.

　1년 사이에 외국어를 습득하는 건 거의 불가능하다. 하지만 10년을 두고 외국어를 익히려 하면 그리 어렵지 않게 방법이 보인다. 부자가 되는 길도 마찬가지다. 2~3년 사이에 부자가 되려면 막막하지만, 10년 이상을 바라보면 길이 보일 것이다. 처음부터 10년 이상을 생각하고 꾸준히 그 길을 찾고 따라가야 한다. 그래야 부자가 될 수 있다고 본다.

THE PSYCHOLOGY of BIG MONEY

07

투자는 불확실성에 대한 대가

A는 30년 가까이 주식 투자를 해왔다. 주식시장에는 20년 넘게 주식 투자를 하면 돈을 벌게 된다는 이야기가 있다. 주식 투자를 하는데 계속 돈을 잃기만 하면 결국 주식시장을 떠난다. 수익을 얻어야 계속 주식시장에 남아 있는 것이니, 20년 넘게 주식을 한다는 이야기는 결국 주식으로 돈을 벌었다는 이야기이다. 돈을 잃을 때도 있기는 하겠지만, 그래도 전체적으로는 돈을 벌었을 때 이렇게 오랜 기간 주식시장에 남아 있을 수 있다. 그래서 주식시장에서의 목표는 단기간의 수익보다는 오래 살아남기라는 말도 있다. 주식시장에 오래 있다 보면 주식과 투자에 대해 점점 더 많이 알게 되기 때문에 결국에는 큰 수익을 올릴 수 있다. 어떤 일이든 20년 넘게 계속하면 어느 정도 수준에는 올라갈 수 있지 않겠나.

그런데 A는 그런 속설에서 예외적이었다. A는 20년을 넘어 30년 가까이 주식 투자를 계속해 오고 있는데, 제대로 된 수익을 올리지 못하고 항상 잃기만 했다. 해마다 2~3천만 원 정도를 잃었다. 그런 식으로 20년 넘게 잃으니 평생 주식으로 날린 돈만 6억 원이 훌쩍 넘는다. 주식 투자를 하지만 않았어도 생활비를 풍족하게 쓰며 잘 살 수 있었을 것이다.

내가 사면 떨어지는 주식

A는 자기가 사면 언제나 주식이 내린다고 하소연해 왔다. 주식을 사면 오를 확률이 50%, 내릴 확률이 50%이다. 그러니 최소한 주식을 샀을 때 수익 날 때가 반, 손해날 때가 반은 되어야 하는 거 아닌가. 그런데 A는 절대적으로 대부분을 손해만 보았다. 20년 넘게 주식 투자를 하면서 의미 있는 수익을 얻은 것은, 그러니까 몇 십 퍼센트 정도의 수익을 얻은 것은 3~4번밖에 안 된다. 나머지는 전부 손해, 아니면 제자리걸음이다. 어떻게 이렇게 계속해서 손해만 볼 수 있을까? 이건 확률의 법칙에도 벗어난다. A는 사람에게는 재물의 운, 소위 재복이라는 것이 있다고 결론 내렸다. 재복이 있는 사람이나 돈을 벌 수 있는 것이지, 재복이 없는 사람은 뭘 어떻게 해도 안 된다. 아무리 오랜 시간 열심히 노력해도, 운이 없으면 안 되는 것이다.

A의 20년 넘는 거래 내역을 내가 보게 되었다. A는 꼼꼼하게 자신의 거래 내역을 잘 기록해 왔다. 어떤 주식을 얼마에 사서 언제 얼마에 팔았는지를 대부분 적어두었다. 내가 그 기록들을 대강 훑어보니 그냥 한숨이 나왔다. 왜 이런 주식을 샀는지, 또 왜 수익이 나지 않고 손해를 보고 팔았는지 따로 분석할 필요도 없었다. 이런 식으로 주식 투자를 하면 20년이 아니라 40년, 50년을 해도 수익 나는 건 어려울 것이다.

A가 산 주식은 대부분 굉장히 유명한 주식들이다. 대기업이고 튼튼한 기업으로 유명한 게 아니라, 한때 유명세를 탄 기업들이란 뜻이다. 2차 전지로 유명했던 주식, 바이오로 유명했던 주식, 4차 산업혁명 관련주로 유명했던 주식, 차화정으로 유명했던 주식 등 이다. 그런데 이 주식들을 산 시점이 전부 다 당시 시점에서 최고가 꼭짓점 부근이다. 그러니 주식을 산 다음에 주가는 크게 하락했고, 그때마다 큰 손실을 보았다. 사고 나서 오른다 하더라도 조금 오르다 하락 추세로 바뀌었다. 어떻게 이렇게 꼭짓점 부근에서만 매수에 나섰는지, 이 타이밍 맞추는 게임이 있었다면 분명 높은 성적을 받았을 것이다.

왜 이렇게 매번 꼭짓점 부근에서 매수에 나섰는지는 충분히 이해할 수 있다. 주가가 오르기 전에는 이 주식이 오를지 오르지 않을지 알 수 없다. 그러니 그런 주식은 살 수 없다. 주가가 오르기 시작하지만, 이때도 앞으로 계속 오를지 아니면 다시 내릴지 알 수 없다. 그런 불확실한 주식도 살 수 없다. 그런데 주가가 몇 개월 이상 계속 올랐다. 주가 그래프가 누가 봐도 오름세이고 상승 추세를 타고 있다. 이러면 믿을 수 있다. 한때의 상승이 아니라, 계속 상승할 거로 보인다.

더구나 이때쯤에는 언론에서도 이 종목들에 대해 계속 긍정적인 보도를 한다. 유튜브의 주식 관련 채널에서도 계속 추천을 하고, 앞으로 더 오를 거라는 전망을 한다. 그래프 모양도 좋고, 주식 전문가들도 추천을 하고, 사람들도 다 긍정적으로 본다. 그동안의 실적도 좋고 누구나 다 좋다고 하면 충분히 믿을 수 있지 않나.

다른 분야에서는 이렇게 그동안 실적도 좋고, 관련자들 누구나 좋다고 하면 정말로 좋은 것이다. 하지만 주식, 나아가 투자 분야는 그렇지 않다. 누구나 다 좋다고 하면 끝물이다. 부정적인 사람들이 줄어들면 줄어들수록, 점점 상승장이 꺾일 시점이 가까워온다. A는 정말 모든 사람이 다 좋다고 할 때 매수에 들어갔고, 그러니 항상 매수 이후에 주식이 떨어지는 경험을 하게 된다.

A가 왜 이런 식으로 투자했는지는 이해할 수 있다. A는 교수였다. 그것도 공대 교수였다. 공학에서는 이럴 수도 있고 저럴 수도 있다는 건 용납할 수 없다. 작동할 수도 있고 작동하지 않을 수도 있는 TV를 만들어 팔 수는 없는 것 아닌가. 메시지가 90%는 오지만 10%는 오지 않는 스마트폰도 용납될 수 없다. 100% 확실해야만 가치가 있다. 설사 100%는 아니더라도, 99.9999%는 되어야지, 99%로도 안된다. 99%만 작동하는 스마트폰이라면 한국인 5천만 명 중에서 50만 명의 스마트폰이 작동되지 않는다는 건

데, 그런 건 제품 가치가 없다.

A는 그런 확실성을 추구하는 방식으로 주식 투자를 했다. 주식 그래프가 확실히 누가 봐도 상승세로 보일 때 관심을 가졌고, 모든 언론에서 그 종목을 띄우고 주식 전문가들이 긍정적인 전망을 내세우고, 또 많은 사람이 그 주식을 사서 큰 수익을 보았을 때 매수를 했다. 30년 가까이 그런 식의 투자를 했고, 그러니 30년 동안 계속 잃기만 한 거다. 하지만 그렇게 잃으면서도, 투자 방법을 바꾸지는 못했다. 오랫동안 주식을 가지고만 있는 장기투자로 바꾸려고 시도는 했다. 하지만 장기투자를 의도했어도 정말 오랫동안 주식을 들고 있지는 못했다. 그리고 장기투자는 주가가 낮고 사람들의 관심이 적을 때 사서 장기 보유해야 의미가 있는 것이지, 이렇게 크게 오르고 유행하는 주식을 사서 장기 보유하는 건 의미가 없다. 이런 주식을 사서 장기 보유하는 건 장기투자가 아니라 그냥 물린 것이다.

불확실한 것을 감수해야 수익이 나온다

어쨌든 A의 매매 기록들을 보다 보니 한 가지는 분명히 알 수 있었다. 투자의 세계에서 확실한 것은 수익을 내지 못한다. 불확실한 것에 투자했을 때 수익이 나온다. 투자 수익은 불확실성을 감수하는 것에 대한 대가이다.

수익을 얻기 위해서 불확실성이 중요하다고 하지만, 나의 생각마저 불확실해서는 안 된다. 나는 확실하다고 생각하지만, 즉 주관적으로는 확실하지만 아직 객관적으로 확실하지는 않아야 한다. 내가 주관적으로 생각하기에는 오를 것 같다. 하지만 객관적으로는, 즉 투자 그래프는 오를지 내릴지 알 수 없고, 투자 전문가들의 말도 오락가락하고, 투자자들의 생각도 다양하다. 또 실제 주식이 오르지도 않는다. 이렇게 객관적으로 불확실할 때, 그것을 감수하고 투자가 이루어졌을 때 큰 수익이 생긴다. 객관적으로 확실할 때, 누가 보아도 오르는 추세이고 실제 올랐고 모두가 다 오른다고 할 때는 끝물이다. A의 투자 결과는 확실할 때만 투자하는 건 큰 손실과 연결된다는 것을 분명히 말해주고 있었다.

A는 굉장히 주식 공부를 열심히 하는 사람이었다. 종목을 연구하고, 계속 기록을 하고, 전문가의 말을 경청하고, 돈을 내고 주식을 배우러 다니기도 했다. 설사 대강대강 공부했더라도 20년이 넘었다. 그 정도면 다른 사람들이 넘볼 수 없는 내공이 쌓인다. 그런데 그런 공부는 성공적인 주식 투자와는 별 관계가 없었다. 객관적으로 확실히 오른다고 판단될 때만 주식을 매수한다는 A의 투자 성향은 그 모든 공부를 쓸모없게 했다. 지식은 굉장히 많은데, 정작 수익을 내지는 못하고 오히려 계속 손실만 보았다.

A 손실의 원인은 알겠는데, 어떻게 하면 A가 수익을 얻을 수 있겠는가 하는 물음에는 대답하기가 힘들다. 이건 더 열심히 공부하고 노력한다고 되는 일이 아니다. 확실한 것을 추구하는 성향이

불확실한 것을 감수하는 것으로 바뀌어야 한다. 그런데 그게 바뀔 수 있는 건가? 청년기라면 또 모르겠는데, 나이가 든 다음에도 바뀔 수 있는 건가?

이런 걸 보면 투자에도 적성이 필요하다고 본다. 확실성을 추구하는 사람은 투자에 적합하지 않은 것 같다. 투자는 할 수 있겠지만, 수익을 얻기는 어렵다. 불확실성을 감수하는 사람이 수익을 얻을 가능성이 있다. 투자 수익은 불확실성을 감수하는 보상이다. 확실성을 지향하는 사람은 투자를 하지 말거나, 아니면 본인의 성향을 바꾸어야 한다. A의 매매 기록을 보면서 든 생각이다.

THE PSYCHOLOGY of BIG MONEY

08

투자는 열심히 하는 게 아니라 한가하게 하는 것

알게 된 지 얼마 안 된 사람들은 나에게 어떻게 수입을 얻는지 물어보곤 한다. 처음 만났을 때 명함을 주고받는데, 내 명함을 보면 무얼 하는지 명확하지가 않다. 처음 만났을 때는 자세히 물어보지 않고 그냥 넘어가도, 조금 지나면 무슨 일을 하며 수입을 얻고 있는지 물어본다.

난 2021년 8월에 직장을 그만두었다. 직장을 그만둔 이후에 이런 질문을 받으면 '특별히 하는 일은 없고, 있는 재산 헐어서 먹고 산다'라고 대답을 했다. 실제로 현금이 떨어질 때마다 계속 주식을 팔아서 생활비로 충당했으니 그게 사실이었다.

그런데 그 후 몇 년 지나면서 나의 대답이 조금 달라졌다. 몇 년 간 계속 주식을 팔아서 생활비를 충당해 왔으니 가지고 있는 주식 재산이 줄어야 한다. 그런데 직장을 그만둔 지 4년이 넘었는데, 내가 가지고 있는 주식 총수는 직장을 그만둘 때보다 줄어들지 않았다. 주식을 계속 팔아 생활비와 기타 비용들을 다 충당하고 있는데, 가지고 있는 주식들이 오르면서 그 지출 금액을 다 메꾸었다. 가지고 있는 재산이 줄어든 게 아니니 재산을 헐어서 먹고산다고 말하기가 좀 그렇다. 그래서 뭘로 먹고사냐고 하는 질문에 대답을 바꾸었다.

"투자로 먹고살아요."

나는 특별히 하는 일이 없고, 투자 말고 다른 건으로 수입을 얻는 것도 없다. 책의 인세 수입, 부동산 임대료 수입 등이 있기는 한데, 그건 생활비를 충당하기에는 턱없이 부족하다. 투자 수입으로 생활비를 충당하고 있다는 게 맞는 말이다. 내가 투자 수입만으로 산다는 걸 알게 되면 상대방은 보통 나를 이렇게 규정한다.

"그럼 전업 투자자이시군요."

나를 전업투자자로 보는 것에 대해서는 별 이의 없다. 그런데 문제는 여기서부터다. 사람들이 전업투자자를 어떻게 생각하고 있는지가 드러나기 시작한다.

"아침에 주식시장이 열리면 계속 주식 그래프를 보고 사고팔고 하시는 거군요."

"매일매일 뉴스를 확인하고, 주가를 보면서 어떤 주식이 좋은지 찾고..."

"컴퓨터 모니터를 몇 개 띄워놓고, 계속 주가 움직임을 보면서…"

"주식 장이 열리는 9시부터 오후 3시 반까지는 다른 일은 못 하시겠어요."

그러면 나는 이렇게 말한다.

"아니, 저는 한국 주식은 안 하고, 미국 주식만 해서요."

그런데 그런다고 상대방의 생각이 달라지는 건 아니다.

"그럼 밤늦게까지 미국 주가 그래프를 보고 그러시나요. 매일 밤에 그러면 피곤해지지 않나요."

"새벽 일찍 일어나 미국 주식을 거래하시나 봐요."

사람들이 전업투자자, 즉 주식 투자로 먹고사는 사람을 보는 관점은 거의 동일했다. 한국 주식이든 미국 주식이든, 매일 주가 그래프를 보고 주식이 오르는지 내리는지 확인하면서 사고파는 사람들이 전업투자자들이었다.

나는 구구절절이 설명을 붙여야 한다.

"아니, 전 장기투자만 해서, 하루 한 번 주가를 확인하기는 하지만 주가 그래프를 보거나 하지는 않고요. 거래는 많아야 1년에 몇 번만 하기 때문에 주식 개장 시간에 신경 쓰거나 하지는 않아요."

이렇게 변명 같은 말을 계속 덧붙이면서 사람들이 주식 투자자, 특히 전업투자자에 대해 어떻게 생각하고 있는지 알게 된다. 거의 대부분의 사람이 주식 투자를 매일 그래프의 움직임을 보면서 사고 파는 것이라고 보고 있다. 그리고 주식에서 수익을 얻으려면 그렇게 해야 한다고 생각한다. 직장이 있으면 계속해서 주가그래프를 보고 있을 수 없지만, 최대한 짬 나는 시간마다 주가 그래프를 확인한다. 따로 직장이 없는 전업투자자는 그런 제약이 없으니 계속해서 주가 그래프를 보면서 거래하겠지. 그게 거의 모든 사람들이 생각하는 전업투자자의 하루 생활이었다.

주식 그래프가 투자의 본질은 아니다

왜 주식 투자로 먹고 사는 사람은 매일 모니터 앞에 앉아 주가 그래프를 보고 있다고 생각할까? 주식으로 큰돈을 번 사람들이 어떻게 했는지를 보자. 세계에서 가장 유명한 투자가인 워런 버핏은 주가 그래프를 보지 않고 매일 주가 확인도 하지 않는다고 공공연하게 말해왔다. 그 대신 워런 버핏은 회사의 사업보고서를 읽고 책을 읽는다. 피터 린치는 자신과 주변 사람들의 행동을 살펴보면서 최근 사람들이 어떤 곳을 잘 가고 무엇을 사는지를 살펴보라고 했다. 이때 어떤 회사가 성장하는지 힌트를 얻을 수 있고 주식에서 큰 수익을 얻을 수 있다. 짐 로저스는 원자재 상품들의 수요와 공급을 계속 체크하면서, 수요에 비해 공급이 부족해지는 원자재를 찾아내고자 했다. 돈을 가장 많이 버는 투자기관인 헤지펀드들은 앞으로 크게 성장할 산업과 기업들을 찾아내려 노력한다. 세계에서 유명한 투자가 중에서 매일 주가 그래프를 보면서 투자한다는 사람은 없다. 있다면 제시 리버모어인데, 제시 리버모어는 주식 투자에 계속 실패하면서 결국 파산한 사람이다. 개인적으로 매력적인 사람이라는 건 분명하지만, 투자의 모델이 될 수는 없다.

요즘 투자하려는 사람들이 많이 보는 주식 유튜브나 방송을 보면 왜 사람들이 주가 그래프를 중시하는지 이해할 수는 있다. 주식 유튜브나 방송을 보면 계속 주가 그래프를 띄워놓고 설명한다. 그래프의 모양이 어떻고, 그래프 형태가 어떤 추세를 타고 있고, 전고점과 비교하면 어떤 지점에 있고 등 주가의 주된 설명 초점이 그래프이다. 주식 책을 봐도 대부분은 주가 그래프를 가지고 오를지 내릴지를 설명한다. 이런 걸 많이 보면 주가를 결정하는 중요한 요소는 그래프 모양이라고 생각하게 되고, 주가 그래프를 보면서 주식 투자를 할 수 있다.

그러나 주가를 결정하는 근본 요소는 누가 뭐래도 그래프 모양이 아니라 기업의 성장과 이익이다. 본질적인 곳에 초점을 두어야지 부수적인 곳에 초점을 맞추면 원하는 걸 얻기 어렵다.

유튜브, 방송, 그리고 매일 주가를 설명하는 주식분석가들이 그날의 뉴스와 그래프에 초점을 맞추는 건 이유가 있다. 이런 곳에서는 매일 계속해서 뭔가 새로운 이야기를 해야 한다. 그런데 기업의 성장과 이익은 매일 이야기할 수 있는 게 아니다. 기업 이익은 분기별로 한 번 발표가 나고, 그럼 새로운 이야기는 3달에 몇 번만 할 수 있다. 이거로 방송, 유튜브를 하면 망한다. 그런데 주가는 매일 변하고 그래프 모양도 변한다. 그날그날의 뉴스, 주가, 그래프를 가지고 이야기하면 매일 새로운 이야기를 할 수 있다. 방송, 유튜브, 주식분석가들은 실시간 뉴스, 주가, 그래프를 이야기한다. 하지만 그건 이야기를 채우기 위한 것이다. 여기에 빠지면 안 된다. 주가를 결정하는 요소는 기업의 성장과 이익이라는 본질을 놓쳐서는 곤란하다.

기업의 성장과 이익은 쉽게 변하는 게 아니다. 그 추세는 빨라야 몇 달에 한 번 변한다. 그러니 여기에 초점을 맞추는 투자자는 평소에 별로 할 게 없다. 워런 버핏처럼 매일 책이나 읽거나, 피터 린치처럼 주변 사람들의 쇼핑 행태를 관찰하면서 시간을 보낼 수 있다. 사고파는 건 어쩌다 한 번 일어나는 일일 수밖에 없다.

몸은 게으르게, 정신은 부지런히

매일 주식 그래프를 보고 계속 거래하며 수익을 얻을 수도 있다. 그런데 투자의 좋은 점은 힘들게 일하지 않고 가만히 있어도 수익을 얻을 수 있다는 점이다. 난 투자를 불로소득이라고 보지는 않는다. 몸은 움직이지 않지만, 정신은 계속 움직인다. 투자가 불로소득이라고 하는 건, 정신은 고려하지 않고 몸만 보고 하는 말이다. 그러나 어쨌든 겉으로 일하는 시간은 거의 없는 게 투자이다. 하지만 매일 모니터 앞에 앉아서 뉴스를 체크하고 주식 그래프를 보는 건 계속 일하는 거다. 일반 직장 업무보다 강도가 더 세면 셌지, 덜하지 않다. 이건 설사 수익을 얻는다 해도 투자의 장점은 없다. 추구해야 할 투자 방법이라 말하기 어렵다.

주식 투자를 하기 위해서 매일 주식 그래프를 봐야 한다고 생각하지는 말자. 하루 종일 모니터 앞에 앉아서 계속 뉴스를 체크하고 분석하는 일이라고 생각하지도 말자. 매일 열심히 해야 투자 수익이 생긴다고도 생각하지 말자. 일하지 않고 수익을 얻는 게 투자이고, 그게 투자의 목표이자 지향점이다. 자기가 지금 투자를 위해 매일 열심히 몸을 써서 노력하고 있다면 투자의 제대로 된 길에서 벗어나 있다고 알아차리자. 한가하게 수익을 얻는 게 투자의 본질이다.

4장

경제는
이렇게 움직인다

THE PSYCHOLOGY
of BIG MONEY

THE PSYCHOLOGY of BIG MONEY

01

기본 소득이 충족되면

모든 시민에게 매달 살아갈 수 있는 기본소득을 제공해야 한다는 주장이 있다. 사람들은 먹고살기 위해서 자기가 하고 싶지 않은 일을 하고 자신의 능력과 소질을 제대로 발휘하지 못한다. 기본소득을 제공하면 사람들은 생계 위협을 받지 않으면서 자신의 길을 걸을 수 있고, 나아가 사회에 도움 되는 일을 할 수 있을 것이다. 하지만 이에 반대하는 목소리도 있다. 기본소득 반대자들은 일하지 않아도 충분히 먹고 살 수 있는 돈이 지급되면 많은 사람이 그냥 놀고먹으려고만 할 것이라고 말한다. 대부분의 사람이 놀고 먹으려고만 하는 사회는 유지될 수 없다. 이렇게 주장하는 사람들은 도움을 주는 건 정말로 먹고살기 힘든 사람들에게만으로 제한되어야 한다고 본다.

기본소득이 들어오면 사람들은 정말로 어떻게 행동할까? 이건 아무리 떠들어봐야 소용없다. 직접 실험을 해봐야 한다. 그래서 유럽의 몇몇 나라들이 기본소득 실험을 해보았다. 핀란드는 2천 명의 사람들에게 2년 동안 기본소득을 제공해 보았고, 스페인도 1천 명의 사람들에게 2년간 기본소득을 제공해 보았다.

그런데 그 결과가 별로 좋지 않았다. 기본소득을 받는 사람들이 더 열심히 일하는 일은 발생하지 않았고, 사람들의 수입이 별로 늘지도 않았다. 부가 축적되지도 않았고, 국가 전체적으로 더 나아지지도 않았다.

기본 소득이 별로 의미가 없다는 이러한 결과에 대한 가장 큰 반론은 실험이 잘못되었다는 것이다. 핀란드에서 제공한 기본소득은 한 달 80만 원 정도로 용돈 수준이었다. 기본소득은 먹고사는 문제를 해결할 수 있을 만큼 주었을 때 효과가 있는 것이지, 용돈 수준을 주어서는 제대로 된 효과가 나타나지 않을 것이다.

또 하나의 문제는, 이런 실험들은 기본소득 제공 기간이 2년뿐이었다는 점이다. 앞으로 2년 동안만 돈이 들어온다고 예상하면 사람들의 행동이 크게 변하기 힘들다. 장기간 정말로 생활비를 대체할 돈이 들어온다면 기본소득이 충분히 효과를 볼 수 있을 것이다.

하지만 유럽에서 장기간 이런 실험을 하는 것은 너무 돈이 많이 든다. 대안이 있다. 생활비가 적게 드는 지역에서 실험을 하는 것이다. 아프리카에서는 한 달에 몇만 원만 있어도 생활비를 충분히 커버할 수 있다. 그래서 'Give Directly'라는 NGO는 2016년부터 아프리카 케냐에서 제대로 된 기본소득 실험을 시작한다. 약 5천 명의 케냐 주민을 대상으로 생활비로 충분한 돈을 무려 12년 동안 지급하는 실험이다. 이외에 7천 명의 사람들에게는 2년 동안만 지급하여 기본소득의 장단기 효과를 살펴보려 했다. 그동안 기본소득 실험의 문제점으로 지적되어 온 단기간 지급, 용돈 수준의 지급의 한계를 보완하는 실험이다.

케냐의 기본 소득 실험에 대해서는 언론에 많이 소개가 되었다. 기본소득으로 창업을 한 사례, 빈곤에서 벗어난 사례, 먹거리가 풍부해지고 실질적으로 삶이 나아지는 효과 등 긍정적인 사례들이 많았다. 그런데 정말 중요한 건 이런 개별적인 사례가 아니라 전체적인 효과이다. 이 정책 실험의 효과가 어떠한지에 대해서는 정기적으로 연구 결과가 나오고 있다. 2016년도 정책 실험이 시작되면서 바로 1년 이내에 단기간 효과가 어땠는가에 대한 연구결과가 발표되었고, 2018년에는 1년 이상의 장기 효과에 대한 연구 보고서가 나왔다. 그리고 2023년 9월에 다시 기본소득의 장기적 효과에 대한 결과가 발표되었다. 2023년은 케냐 기본소득 실험이 시작된 지 7년째였다. 이제는 기본소득의 장기적 효과에 대해 충분히 논의할 수 있는 시간이 되었다.

케냐 기본소득 실험의 결과

장기간 기본소득을 제공한 결과 어떤 변화가 발생했을까? 우선 기업들이 늘어났다. 기업의 수익도 늘고 순이익도 늘었다. 12년간 기본소득을 지급하는 프로그램에서는 이런 긍정적 효과가 나타났다. 하지만 2년간 지급하는 프로그램에서는 이런 효과가 나타나지 않았다. 기업이 많아지고 수익, 이익이 증가하는 효과는 단기 지급에서는 나타나지 않고 장기간 지급에서만 나타나는 현상이었다.

이걸 보면 장기간 기본소득이 보장되는 건 분명 긍정적인 것 같다. 그런데 노동시간, 전체 수입 등을 보면 이야기가 달라진다. 케냐 사람들이 일하는 시간은 증가하지 않았다. 전체적인 소득도 늘지 않았다.

아까 기업은 늘고 기업 소득, 이익은 크게 늘었다고 했다. 그런데 전체적인 소득이 늘지 않았다는 건 무슨 뜻일까? 임금 노동자들의 경우 일하는 시간과 수입이 크게 줄었다. 기업의 소득은 늘었지만 그만큼 임금 노동자의 수입이 줄었기 때문에 경제 전체의 소득은 그대로였다. 임금 노동자의 수입이 준 것은 일하는 시간이 줄었기 때문이었다. 노동자들은 기본소득을 받자 많은 경우 직장을 그만두고 더 이상 일하지 않고 놀고먹는 삶을 선택했다는 뜻이다. 2년 동안 단기간 기본소득이 지급될 때는 노동시간이 줄지 않았다. 하지만 12년간 기본소득이 지급되자 사람들의 노동시간과 수입은 크게 줄었다.

언론에서는 기본소득 지급으로 많은 사람들이 창업을 했다는 이야기를 전한다. 최종 결과를 보니, 초기에는 창업을 하고 자기 사업체를 만들어 일하는 경우가 많았다. 그런데 수익은 늘지 않았다. 그리고 장기적으로는 자기 사업 비중이 늘지 않았다. 기본소득이 지급되고 처음에는 창업을 많이 했지만 정작 이익은 내지 못했고, 시간이 지나자 사업체를 정리했다는 의미이다.

이해하기 힘든 결과도 있다. 사람들의 소비가 늘지 않았다. 기본소득으로 돈을 더 가지게 되면 당연히 소비가 늘어나야 하지 않나? 단기간에는 소비가 늘었다. 음식물도 더 많이 먹고 교육도 더 많이 받았다. 하지만 장기로 가자 교육에 대한 소비는 별로 변화가 없어졌다. 음식은 더 많이 먹기는 하지만 전체적인 소비 수준은 처음과 달라지지 않았다. 돈은 더 많이 받았는데 소비가 늘지 않았다는 건 어디론가 빠져나가는 돈이 많아졌다는 의미이다. 그 돈이 어디로 갔을까? 부동산 등 자산 가치가 유의미하게 상승했다. 기본소득 지급은 소비의 증가보다 부동산 등 자산 가격 증가에 큰 영향을 미쳤다.

기본소득이 사회의 불공평을 치유했을까? 이것도 영향이 없었다. 부의 불공평도는 아무런 변화가 없었고, 소득, 소비의 불공평성도 이전과 차이가 없었다. 차이가 있는 것도 있었다. 주식, 저축 등 부동산을 제외한 가계 자산의 경우 불공평도에 차이가 발생했다. 그런데 좋은 쪽이 아니라 나쁜 쪽으로 차이가 발생했다. 자산 측면에서 불공평도가 더 심해졌다. 기본소득으로 지급되는 돈을 모으는 사람과 돈을 쓰기만 하는 사람들 간 차이가 커졌다는 의미이다.

기본소득 제공의 긍정적인 결과

기본소득의 제공으로 아주 긍정적인 변화가 발생한 부분이 있다. 바로 정신 건강이다. 기본소득이 지급되면 사람들의 스트레스가 줄고, 만족도가 높아진다. 이건 단기간이건 장기간이건 항상 나타나는 효과이다. 만족도가 증가한다는 건 케냐에서만이 아니라 다른 국가의 기본소득 실험에서도 동일하게 나타나는 현상이다. 기본소득은 분명 사람들의 만족도를 증가시키는 효과가 있다.

기본소득 결과 보고서들은 계속해서 기본소득이 사람들의 정신건강에 긍정적인 영향을 미친다는 걸 강조한다. Give Directly는 기본소득의 이점을 주장하는 단체이니 기본소득에서 가장 긍정적 결과가 나온 이 부분을 강조하는 걸지도 모른다. 하지만 나는 이 결과는 긍정적인 것으로 보기 어렵다고 본다. '먹을 빵이 없어요', '돈이 있으면 학교를 다닐 수 있어요', '돈이 있으면 사업을 해서 가족이 먹고 살 수 있어요'라고 한다면 돈을 줄 수 있다. 하지만 '돈을 주면 제 기분이 좋아져요'라고 한다면, 이때는 돈을 줄 수 없다. 정신적 만족도가 늘어나니 기본소득을 제공하자고 하면, 그 돈을 내야 하는 사람들은 절대적으로 반발할 것이다.

결국 케냐의 장기적인 기본소득 효과를 보면, 열심히 뭔가 해 보려는 사람들은 기본소득으로 큰 이익을 보았다. 하지만 대부분 사람들에게는 별다른 효과를 주지 못했다. 다만 돈을 그냥 주니 더 많이 먹게 되고, 자산 가격이 증가하고, 또 기분이 좋아졌다. 이것도 긍정적 효과로 볼 수는 있겠지만, 기본소득 지급으로 엄청 난 돈을 썼다는 걸 고려하면 긍정적으로만 볼 수는 없다. 그냥 처 음부터 돈이 꼭 필요한 사람들에게만 지원을 하는 게 나았을 것 이다. 케냐 기본소득 결과 보고서를 읽으면서 내가 얻은 결론이다.

THE PSYCHOLOGY of BIG MONEY

02

고리대금에 대한 다른 생각

올해 93세로 돌아가신 강신항이라는 국문학자가 있다. 서울대에서 학위를 따고 성균관대학교 국문과 교수로 평생을 재직했다. 이 분이 쓴 책 중에 『어느 국어학도의 젊은 날(1995년 출간)』이 있다. 소설이나 수필은 아니고, 본인이 젊었을 때 쓴 일기이다. 1945년 해방 이후 혼란기에서 한국 전쟁이 마무리되어 가던 1952년경까지 쓴 일기 모음집이다. 강신항은 1930년 생으로 이때 나이는 15~22세 정도였다. 그리고 1950년 한국전쟁이 발발할 때는 서울대생으로 서울에 살았지만, 서울대 들어가기 전이나 피난 시기에는 자신의 고향인 충남 아산에 살았다. 이 일기는 한창 젊었을 때 직접 경험한 해방 이후 혼란기와 한국전쟁을 이야기하고 있는데, 당시 지방에서 실제 어떤 일이 벌어졌는지 시대상을 아는데 많은 도움을 주는 책이다.

그런데 이 책에서 돈과 관련해 특히 눈길을 끄는 에피소드가 하나 있었다. 1948년 8월 16일 일기이다.

한국은 1960년대까지 보릿고개가 있었다. 가을에 쌀을 수확하는데, 그 쌀로 다음 해 쌀을 수확할 때까지 살아가기가 힘들다. 특히 봄에 보리를 수확하기 전에 먹을 게 없는데, 그 시기를 보릿고개라 했다. 그런데 1947년, 1948년에는 보리농사가 흉년이어서 농촌 사회인데도 먹을 것이 부족했다. 그래서 장리長利를 얻는다. 장리는 곡식을 높은 이자율로 빌리는 것을 말한다. 강신항 마을에서는 보리 한 가마를 빌리면 가을에 쌀 한 가마를 갚았다. 지금은 보리를 잘 심지 않고, 또 보리가 건강식으로 자리매김하고 있기에 보리가 쌀보다 더 비싸다. 하지만 당시에는 쌀이 보리보다 30% 정도 더 비쌌다. 6월에 보리를 빌려 10월에 쌀로 갚는데 30% 이자를 주는 것이니, 1년을 기준으로 하면 100%, 2배가 넘는 이자라고 할 수 있을 것이다.

장리 주는 자들도 비참타

이렇게 높은 이자율이지만, 농민들은 지금 당장 먹을 것이 없어서 빌려야만 했다. 쌀이 남아도는 사람들은 엄청난 이익을 얻을 것이다. 그런데 재미있는 건 그다음 구절로 일기에 적힌 말이다.

소위 장리 주는 자들은 또한 비참타. 가을부터 애끼고 애껴 모아온, 남겨온 식량을 지금 굶주리는 자의 애걸로 하는 수 없이 자기가 조금 덜 먹을 작정으로 내주는 것이다.

쌀을 빌려주는 사람은 높은 이자를 받을 수 있다. 하지만 강신항은 그렇게 쌀을 빌려주는 사람들도 비참하다고 말을 한다. 이때까지 쌀이 있는 사람들은 다음 수확기까지 계속 먹고 살 수 있도록 계속해서 쌀을 아껴온 사람들이다. 지주는 쌀이 많지 않느냐고 하지만, 흉년이 나면 지주도 흉년이고, 지주도 먹을 게 부족해진다. 또 다음 해에도 흉년이면 아무리 지주라 할지라도 먹을 쌀이 없어진다. 그래서 아끼고 아껴왔고, 그래서 지금까지 쌀이 있다. 그런데 먹을거리가 떨어진 사람들이 와서 쌀을 빌려달라고 한다. 자기는 쌀이 있기는 하지만, 지금 쌀을 주면 나중에 자기도 굶을 수 있다. 그렇다고 쌀을 빌려주지 않으면 지금 당장 이웃 사람들이 굶어죽는다. 높은 이자를 줄 테니 빌려달라고 애걸을 하고, 그래서 자기 먹거리를 줄이며 이웃에게 빌려주게 된다는 것이다.

1년에 100% 이자를 받는 고리대금업자는 나쁜 사람들이다. 상대방의 어려운 상황을 이용해서 한몫 보려는 사람들이다. 보통은 그렇게 생각한다. 그런데 이런 상황이라면 장리 주는 사람들을 고리대금 한다고 비판할 수는 없지 않는가.

물론, 상대방의 어려움을 기회로 높은 이익을 얻으려고 하는 사람들도 있기는 하다. 강신항도 일기 뒷머리에 이런 글을 붙였다.

물론 그 (장리 주는 사람들) 중에는 악질도 있으렸다.

하지만 보통의 경우 농촌의 장리업자는 자기도 굶주릴 수 있지만 빌려주는 사람, 자기가 좀 덜 먹으며 빌려주는 사람, 또 흉년이 오면 빌려준 걸 받지 못한다는 것을 알면서도 빌려주는 사람이었다. 그러니 고리로 빌려주는 사람의 사정도 비참하다고 말하고 있다.

고리대금업자의 항변

예전에 한 고리대금업자가 고리대금을 나쁘게 보는 사회 인식에 대해 항변하는 것을 들은 적이 있다.

보통 사람들은 고리대금업자를 찾지 않는다. 은행에서 빌리고 저축은행 등 2금융업자에게 빌리고, 친구, 친척한테 빌린다. 그런데 주

이런 고리대금업자의 말에 이런저런 이야기를 할 수는 있겠지만, 하지만 한 가지는 분명히 공감할 수 있었다. 주변에 돈을 빌려주는 사람이 있다면 고리대금업자를 찾지 않는다. 주변 사람 아무도 돈을 빌려주지 않기 때문에 고리대금업자를 찾는다. 주변 사람들이 돈을 빌려주지 않는 이유는 주변 사람들의 문제일 수도 있고, 돈을 빌리는 본인이 워낙 신용을 잃어서일 수도 있다. 어쨌든 아무도 돈을 빌려주지 않아 고리대금업자를 찾아간다.

고리대금업자 입장에서 보자. 고리대금업자는 생전 처음 보는 사람에게 돈을 빌려주는 것이다. 주변 사람들에게도 신용을 잃어 돈을 구하지 못하는 사람에게 돈을 빌려준다. 돈을 갚지 못할 가능성이 높은데도 돈을 빌려준다. 우리는 주변 친한 사람이 돈을 빌려달라고 해도 빌려주지 않는다. 돈을 꼭 갚겠다고 약속을 해도 그 말을 믿지 못하고 빌려주지 않는다. 그러면 누가 더 나쁜 놈인가. 오래 알고 있던 사람의 부탁에도 돈을 빌려주지 않는 우리들인가, 아니면 높은 이자이기는 하지만 돈을 떼먹을 가능성이 높은데도 어쨌든 돈을 빌려주는 고리대금업자인가.

진짜 나쁜 사람은 누구?

고리대금업자를 비판하는 사람들은 많다. 그런데 막상 그런 사람들 자신이 다른 사람에게 돈을 빌려주지는 않는다. 자기는 절대 돈을 빌려주지 않으면서, 다른 사람들이 고리로 빌려주는 걸 욕하고 비난한다. 이와 관련해 좋은 사람의 순위를 따져보면 이럴 거 같다.

❶ 이자를 받지 않고 돈을 빌려주는 사람

❷ 일반적인 이자를 받고 돈을 빌려주는 사람

❸ 높은 이자를 받고 돈을 빌려주는 사람

❹ 돈을 빌려주지 않고, 아무 말도 안 하는 사람

❺ 자기는 돈을 빌려주지 않으면서, 다른 사람이 높은 이자로 돈 빌려주는 건 욕하는 사람

고리대금업자는 위에서 ③이고, 나는 ④에 해당한다. 돈이 급

히 필요한 사람들은 내가 아니라 고리대금업자를 찾고, 실제 돈을 빌려주는 사람도 고리대금업자들이다. 나보다 훨씬 더 사회에 도움이 되는 사람들이다. 고리대금업자들을 비난하는 사람들도 일리가 있다. 어쨌든 어려운 사람들에게 높은 이자를 매기는 건 분명하니까. 하지만 고리대금업자를 비난하려면, 자기가 좀 더 싼 이자율로 빌려줄 수 있어야 한다. 자기는 절대 빌려주지 않을 거면서 고리대금업자를 비난하는 건 뭔가 제대로 된 행동으로 보이지 않는다. 자기가 빌려주지 않을 거면, 최소한 고리대금업자를 비난하지는 말아야 하는 게 아닐까 한다.

THE PSYCHOLOGY of BIG MONEY

03

걱정 없이 평안한 노후를 위한 금액

이제 곧 명예퇴직을 하는 지인이 나에게 문의를 했다. 그동안 부부가 맞벌이로 돈을 벌어 모았고, 이번에 명예 퇴직금을 많이 받으면서 10억 원이라는 돈이 있다고 한다. 지금 나이는 50대 중반이고, 월 생활비는 500만 원 정도 된다. 이 정도면 퇴직 후에 돈 걱정 없이 평온하게 은퇴 생활을 할 수 있지 않을까 하는 질문이었다.

평안한 노후의 비용

인터넷을 찾아보니 평안한 노후를 보내려면 모아둔 돈이 10억 원이면 될까 등의 이야기가 많이 있다. 좀 더 구체적으로 현재 연 소득의 20배가 있어야 한다는 이야기도 있다. 퇴직 후에 20년을 살아갈 수 있는 현금이 있으면 그 사이 매년 이자 수익, 투자 수익 등이 있기 때문에 실제로는 죽을 때까지 살아갈 수 있는 충분한 현금이 생길 수 있다. 월 생활비 500만 원에 10억 원이면 20년은 아니지만 그래도 17년은 살 수 있는 돈이다. 그동안 이자 수익 등도 있을 테니 이 정도면 충분히 돈 걱정 없는 평온한 은퇴 생활이 가능하지 않을까?

이런 질문을 받으면 상대방의 마음을 북돋아 주는 대답을 해야 하는지, 솔직히 이야기해야 하는지 갈등이 생긴다. 상대방을 위로하는 말을 여기서 할 필요는 없을 것이고, 나의 솔직한 대답은 이것이다.

'10억이면 충분히 살아갈 수 있기는 할 것이다. 그런데 돈 걱정 없는 평온한 은퇴 생활? 그건 그 정도 돈으로는 어림도 없다.'

10억 원을 가지고 있으면 월 500만 원, 1년에 6천만 원을 쓸 때는 아무 걱정 없이 살 수 있을 것이다. 그런데 그렇게 빼서 쓰다보면 가진 돈이 점점 준다. 8년만 지나도 5억 원 정도만 남는다. 10억 원에서 6천만 원 쓰는 건 문제없는데, 5억 원에서 매년 6천만 원을 쓰는 건 엄청난 심적 부담으로 다가온다. 이렇게 써도 되나 하는 걱정, 지금부터라도 이 돈으로 뭔가 수익 활동을 해야 하지 않는가 하는 불안, 생활비를 팍 줄여야 하나 하는 근심이 마음을 지배할 것이다. 어떤 식으로든 방법은 찾을 것이다. 다만 처음에 기대했던 '돈 걱정 없는 평온한 은퇴 생활'은 아닐 것이다.

그 돈을 그냥 은행에 두는 게 아니라 투자를 하면 돈이 늘어날 테니 괜찮지 않을까? 현재 생활비로 20년 동안 쓸 현금이 있다고 할 때, 연 5% 수익만 얻으면 1년 치 생활비가 생긴다. 그러면 평생 원금을 무너뜨리지 않고 이자 수익만으로 생활비를 충당할 수 있지 않나.

20년 생활비가 있을 때 투자수익만으로 살아갈 수 있는 건 맞다. 5% 이상 수익을 얻으면 돈을 써도 오히려 재산이 더 늘어날 것이다. 그런데 연 5% 수익을 투자로 계속 얻는다는 건 절대 쉬운 게 아니다. 평생 투자를 성공적으로 잘 해온 사람이라면 모를까, 그게 아니라면 연 5% 수익은 불가능하다. 오히려 투자 실패로 돈을 날릴 가능성이 더 크다. 무엇보다 그 정도 수익을 지속적으로 올리려면 계속 돈, 돈, 돈 해야 한다. 돈 걱정 없는 평온한 생활은 절대 될 수 없다.

월세를 받으면 어떨까?

그 돈으로 주식 등에 투자하지 않고 부동산을 사서 월세를 따박따박 받으면 괜찮지 않느냐고? 10억 원 부동산이면 한 달에 400만 원 이상 월세를 받을 수 있는 곳도 있으니 걱정 없이 살아갈 수 있지 않느냐고? 이건 임대업을 해본 경험이 없는 사람, 임대업을 하더라도 임대한 지가 얼마 되지 않고 아주 좋은 임차인을 만난 운 좋은 사람이나 하는 말이다. 상가든 주택이든, 매달 임대료를 밀리지 않고 꼬박꼬박 내는 사람이 얼마나 될까? 내 경험으로는 평균 4명 중 1명은 임대료가 밀린다. 여기서 4명 중 1명이라는 건 한 두 달 이상 임대료를 내지 않는 경우이다. 한 달을 넘기지는 않지만 10일, 보름씩 날짜가 밀리는 일은 아주 다반사로 발생한다.

임대료가 용돈인 경우에는 임대료가 좀 밀려도 상관없다. 하지만 임대료가 생활비라면 심각해진다. 임차인이 한 달 임대료가 밀리면 임대인은 한 달 동안 먹고살 돈이 없어진다. 회사에서 월급이 몇 달 밀리면 사장은 부당 행위로 신고당하고 경찰 조사를 받을 수 있다. 만약 임차인이 몇 달 임대료가 밀렸을 때 임대인이 부당 행위, 사기 등으로 신고하고 고소하게 되면 한국에서 전과자가 급증할 것이다. 임대인이 월세 밀렸다고 임차인을 신고하는 건 너무하다고 하겠지만, 임대료는 임대인에게 월급이다. 회사에서 월급을 지불하지 않는 것과 같다. 그래서 월 500만 원이 생활비라 할 때, 월세로 500만 원을 받도록 노후 대책이 되면 안 된다. 못해도 여러 임차인에게 월 700만 원 이상은 받아야 그중에서 월세 밀리는 사람이 있어도 큰 문제가 발생하지 않는다.

사자의 노력

아프리카에 사는 얼룩말은 하루 종일 풀을 뜯어 먹어야 한다. 그런데 사자는 평소에 뒹굴뒹굴 놀면서 일주일에 한 번 정도만 사냥을 한다. 얼룩말이 보기에 사자는 굉장히 편하게 산다. 자기들처럼 먹을 거 걱정하지 않고 인생을 즐기고 있는 거로 보인다. 그런데 정말로 사자는 살아가는 걸 걱정하지 않고 편하게 지내는 걸까?

사자들은 평소에 그냥 뒹굴뒹굴하며 놀고 쉬는 게 아니다. 겉으로 보기에는 뒹굴뒹굴하지만, 그 사이 계속 얼룩말을 관찰하면서 다음 사냥 대상을 정한다. 사자들은 얼룩말 떼를 공격하다가 어쩌다 뒤처지는 얼룩말을 잡는 방식으로 사냥하지 않는다. 그런 식으로 사냥하면 대부분 실패한다. 처음부터 공격 대상인 얼룩말을 정하고 그 얼룩말을 표적으로 삼아 공격해야 한다. 건강한 얼룩말은 절대 사자들에게 잡혀주지 않는다. 제일 약한 얼룩말을 찾아 그 얼룩말을 집중 공격해야 한다.

밀림의 최강자인 사자들이라고 해서 평소에 아무 걱정 없이 사는 게 아니다. 계속 다음 먹거리를 생각하고 고민한다. 그래야 살아갈 수 있다. 정말 아무 생각 없이 지내다 사냥을 나가면, 결국 사냥에 실패해서 굶어 죽을 가능성이 크다.

마찬가지다. 돈이 많은 부자는 먹고 살 걱정 없이 편하게 살 수 있을 거 같다. 하지만 그럴 수 없다. 주식이 폭락하면 큰일이고, 이자율이 오르고 내릴 때마다 재산 상태가 크게 변한다. 아무리 좋은 부동산을 가지고 있어도 임차인이 들어오지 않으면 언제 망할지 모른다. 얼룩말처럼 매일매일 일하지 않긴 하지만, 사자처럼 계속해서 신경 쓰며 관찰하고 대비해야 한다. 먹고사는 일을 걱정하지 않고 편하게 사는 거? 그런 거 없다. 먹고사는 문제를 계속 고민하는 건 이 세상에 태어난 생물의 숙명이다. 죽을 때까지 고민을 달고 살 것이다.

다만 한 가지 다행인 것은, 자산을 축적할 수 있는 인간은, 살아가는 걱정은 계속되어도 최소한 의식주에 대한 걱정은 하지 않아도 되는 경계선은 있다. 아무 걱정 없이 편안하게 사는 건 아니지만, 의식주 등 기본적인 생활에 대한 걱정은 하지 않을 수 있는 금액이다.

의식주 걱정 없이 살 수 있는 비용

그런데 이 금액이 생각보다 크다. 나의 경험을 돌이켜보면, 내가 살아갈 집을 제외하고, 지금 생활비 기준으로 90세까지 살 수 있는 재산이 있을 때 먹고살 걱정은 하지 않게 되었다. 그보다 더 살 수도 있지만, 80세가 넘으면 돈 지출액이 크게 줄 것이기에 보완될 수 있을 것이다. 그러니까, 예상보다 오래 살더라도 평생 동안 쓸 수 있는 돈이다. 이건 자기 생활비와 나이에 따라 필요금액이 달라진다. 1년에 1억 원을 쓴다면, 60세라면 30억 원이 필요할 것이고, 50세라면 40억 원이다. 1년에 5천만 원을 쓴다면 50세라면 20억 원이고, 40세라면 25억 원이다.

앞의 지인은 50대 중반에 연 6천만 원 지출이었으니, 현금 20

억 원이 있으면 나름대로 '돈 걱정 없는 평온한 은퇴 생활'이 가능할 것이다. 현재 가진 10억 원이면 노후자금으로 괜찮을 거라고 생각하지만, 그 정도 금액으로는 절대 안정감을 가질 수 없다. 생활수준을 팍 줄여야 하고, 앞으로 계속 이 돈을 어떻게 운용해서 수익을 얻어야 하나를 고민하고, 만약 실패하면 큰일 난다는 걱정을 달고 살 것이다.

그래서 평안한 노후 생활을 위해서라면 목돈보다 연금으로 충분한 돈을 받는 게 더 나을 것이다. 매달 생활비가 꼬박꼬박 들어오는 연금이라면 자금운용이나 미래 수입에 대한 불안감 같은 고민 없이 살아갈 수 있다. 생활비를 완전히 대체할 수 있는 충분한 연금, 아니면 아예 90살까지 살아갈 수 있는 큰 목돈. 이게 남은 인생 최소한 의식주에 대한 걱정 없이 살아갈 수 있는 금액이라고 본다.

THE PSYCHOLOGY of BIG MONEY

04

강남 아파트에 살면서
샴푸를 도둑질하는 이유

2025년 봄, 인터넷에 강남 고급 아파트에 샴푸 도둑들이 있다는 기사가 떴다. 서울 반포에 있는 그 아파트는 한강 바로 옆에 있는 신축으로 최근 가장 핫한 아파트이다. 평당 2억 원 정도 나가 20평대만 해도 40억 원이 넘는 등 강남에서도 최고가 아파트로 이름을 날리고 있다. 그런데 이런 아파트에 살고 있는 사람들이 공용 사우나에 비치된 샴푸를 훔쳐 간다. 샴푸 통을 가져가거나, 빈 통을 가져와서 샴푸를 덜어가곤 한다. 이런 얌체 짓 때문에 한 달 비품값만 몇백만 원이 넘어가게 되고, 그래서 결국 샴푸, 린스 등 공용품을 비치하지 않기로 결정했다 한다.

가난한 사람이 이러면 차라리 이해할 수 있다. 그런데 이 아파트는 가장 평수가 작은 것도 20억 원은 넘게 나간다. 이런데 사는

사람들이 샴푸값을 아끼려고 공용 사우나에 비치된 샴푸를 가져
가는 건 웃기지 않나.

이걸 가지고 '부자들은 검소하구나', '부자들은 이런 것도 아끼
는구나', '이렇게 절약을 해야 부자가 되는구나'라고 생각할 사람
도 있을 것이다. 하지만 진짜 부자가 그럴 리는 없다. 그럼 왜 이런
비싼 아파트에 사는 사람들이 그런 짓을 할까. 그건 그 사람들이
재산은 많을지 몰라도 부자로서의 삶은 살아본 적 없기 때문이다.
쉽게 말해, 재산은 많지만 돈은 없는 생활을 해왔기 때문이다.

강남에 살면 다 부자일까?

사람들은 서울 강남에 산다고 하면 부자로 안다. 그런데 강남은
부자들이 산다고 간단하게 말할 수 있는 지역이 아니다. 강남은
몇십 년 동안에 거의 농촌 시골에서 대도시 중심지로 발전했다.
겉으로 보이는 것과 다른 모습들이 굉장히 많은 복잡한 지역이다.

강남을 가로지르는 테헤란로, 봉은사로, 학동로 등을 지나면
좌우로 빌딩들이 늘어서 있다. 특히 테헤란로는 한국을 대표하는
고층건물 지역이다. 주변을 보면 고급 아파트들도 많이 보인다. 이
렇게 큰길만 다니면 강남은 굉장히 잘사는 부자 동네라는 말에 고
개를 끄덕일 수밖에 없다. 그런데 큰길을 벗어나 블록 내부로 들어
가면 전혀 다른 모습들이 보인다. 처음 빌딩 뒷길에는 음식점, 상

가들이 나오지만, 거기서도 더 안으로 들어가면 낡은 다가구 주
택, 빌라들의 동네가 나온다. 서울에서 개발 안 된 다가구 주택 밀
집지들과 별 차이 나지 않는 동네이다.

강남의 최고 중심지라는 테헤란로에서 많이 떨어져야 이런 집
들이 나오는 게 아니다. 테헤란로를 끼고 있는 블록에도 이런 다
가구 빌라 마을이 있다. 사람들은 강남에 이런 주거지역들이 많다
는 것을 알지 못한다. 그래서 빌라를 찾는 사람들은 아예 강남에
잘 오지를 않는다. 수요자가 많지 않기 때문에 이런 다가구 빌라
의 월세는 그리 높지도 않다.

강남구의 세대수는 약 24만 5천 세대이다. 그런데 강남 아파
트의 세대수는 11만이 좀 넘는다. 나머지 13만 세대는 아파트가
아니라 빌라, 다가구 주택, 다세대 주택, 오피스텔 등에 살고 있다.
이런 사람들 대부분은 임대 세입자들이다. 실제 서울 강남에 살고
있는 사람들의 반 이상이 부자라고 하기는 어렵다. '서울 강남에
살아요'라는 말에 '잘 사는구나'라고 생각해서는 안 된다.

강남 아파트에 산다고 해서 모두 부자인 것도 아니다. 강남 아
파트 주민도 굉장히 다양한 스펙트럼이 있다. 최근에 강남 아파트
에 거주하기 시작한 사람이라면 부자로 봐도 된다. 하지만 강남에
산 지 오래된 사람이라면 이야기가 달라진다. 비싼 강남 아파트에
살기는 하지만, 돈은 없는 사람일 가능성이 크다.

A는 1990년대 초에 강남구 역삼동에 살았다. 다가구 주택으
로, 12평에 방 2개 전셋집이었다. 1990년대 말, 직장을 그만두

고 받은 퇴직금으로 강남 개포동 주공 아파트를 구입했다. 23평이었는데, 그때 가격이 1억 4천만 원이었다. 당시 자양동, 과천, 분당 등도 돌아보았는데, 그 지역들은 같은 평수가 1억 2천만 원정도였다. 강남이 15% 정도 더 비싸긴 했는데, 그동안 살던 동네에서 가까운데 살기를 원했기에 개포동 주공 아파트를 선택했다. 공무원으로 퇴직을 했기에, 이후 월 150만 원 정도의 연금을 받으며 살았다.

그런데 강남 아파트가 그 이후로 점점 가격이 올랐다. 1억 4천만 원에 산 아파트가 10억 원이 되었고, 재건축이 진행되면서 20억 원이 넘어갔다. 1990년대 말에는 자양동, 분당, 과천 등과 15% 정도 차이가 날 뿐이었는데, 지금은 2배 이상 가격 차이가 벌어졌다. 지금은 강남 개포동에 재건축 아파트를 가지고 있다는 것 자체가 부자로 인식된다. 그런데 A의 수입은 연금 수입 뿐으로 그때나 지금이나 별다른 게 없다. 물가 상승을 반영해서 지금은 연금 월 200만 원 정도 받을 뿐이다.

그러면 질문. A는 부자인가? A는 서울 강남 재건축 아파트를 가지고 있다. 시가 20억 원이 훨씬 넘는다. 이러면 누가 봐도 부자라고 말을 한다. 20억 원이 넘는 아파트를 가지고 있는데 부자가 아니라고 하면 오히려 욕을 먹을지도 모른다. 그런데 A가 쓸 수 있는 돈은 월 200만 원이다. 이 안에서 생활비 쓰고, 용돈 쓰고, 또 나중에 병원비 들 걸 고려해서 저축도 좀 해야 했다. 먹고 살 수는 있었지만 항상 빠듯했다. 마음대로 돈을 쓴 적도 없고, 풍족하게 쓴 적도 없다. 20년이 넘는 세월 동안 이 돈으로 살아왔다. 실제 생활이나 자금 사정이나, 부자라고 하기는 어렵다.

혹자는 아파트를 팔고 다른 지역으로 이사 가면 되지 않느냐고 말을 한다. 강남 아파트를 팔고 다른 동네 아파트로 이사하면 10억 원 이상의 돈이 생길 수 있다. 그 돈으로 잘 살 수 있는데, 왜 그렇게 사느냐고 하기도 한다. 하지만 나이가 들수록 자기가 살던 곳을 떠나 새로운 지역으로 가기는 어렵다. 그리고 무엇보다 세금이 있다. 1억 4천만 원에 샀는데 지금 20억 원이 넘는 가격에 팔면 양도소득세가 어마어마하다. 그 세금을 내고 몇억 원을 챙기기 위해 이사할 것인가 아니면 그냥 지금 삶을 계속할 것이냐고 하면, 선택의 여지가 없다. 월 200만 원으로 사는 사람에게 억대의 세금을 낸다는 것은 상상할 수 있는 선택지가 아니다.

강남에 사는 사람도 각자의 사정이 있다

A만 그런 게 아니다. 오래전에 강남 지역에 들어와서 계속 살고 있는 사람들은 대부분 다 마찬가지다. 살고 있는 집값이 올라 겉으로는 부자인 것 같다. 하지만 쓸 수 있는 돈은 과거나 지금이나 별 차이가 없다. 쓸 수 있는 돈으로만 보면 절대 부자가 아니다. 오히려 중산층보다 못한 삶을 사는 경우도 많다. 이런 사람들은 강남을 표적으로 하고 세금을 올리는 부동산 정책에 강력히 반대할

수밖에 없다. 월 200만 원으로 살고 있는데, 집값이 비싸다는 이유로 세금을 올리면 정말 타격이 크다. 사람들은 부자는 그 정도는 내야 한다고 말을 하지만, 어떤 기준으로도 월 200만 원으로 살아가는 사람이 부자는 아닌 것이다. 오랫동안 강남에 살아온 사람과, 최근에 강남에 들어온 사람은 절대 같은 강남 주민이 아니다.

이런 관점에서 보면 한강이 보이는 강남 최고급 아파트 주민들이 공용 사우나에서 샴푸를 챙기는 게 특별한 일이 아니다. 아파트가 평당 2억 원 하는 고급 아파트이긴 하지만 주민이 지금까지 살아온 삶은 부자가 아닐 가능성이 크다. 물론 이 아파트가 재개발 하는 걸 알고 투자용으로 구입한 사람, 아파트가 신축한 다음에 새로 이사 온 사람들은 부자일 것이다. 그러나 오래전부터 원래 살던 주민들은 부자라고 보기 힘들 것이다. 몇 십 년 전에 아파트를 구입하고 그동안 계속 살아왔을 뿐인데, 갑자기 지금 최고가 아파트가 되었을 뿐이다. 어쨌든 아파트를 가지고 있었으니 가난한 사람은 아니겠지만, 그렇다고 부자로서의 삶을 살아온 사람은 아닌 경우이다. 부자의 삶이 아니었으니, 사고방식도 부자는 아니다. 그러니 지금 샴푸값을 아끼겠다고 공용 사우나에서 샴푸를 챙기는 짓도 하게 된다.

최고급 아파트 주민들도 공용 사우나에서 샴푸를 챙긴다고 부자는 검소하다고 생각하지는 말자. 있는 걸 아끼는 게 검소한 것이지, 공용을 챙기는 건 누가 하든 치사한 짓일 뿐이다. 이렇게까지

노력해야 부자가 되는 거라고 생각하지도 말자. 누구든 그런 행동
을 하는 사람과는 돈이 되는 거래를 하거나 큰 계약을 하지 않는
다. 거래 상대방이 없으면 부자도 될 수 없다. 무엇보다 강남에 산
다고 다 부자라고 생각하지도 말자. 설사 비싼 아파트에 살고 있다
고 해도, 재산이 많은 것과 돈이 많은 건 분명 다르다. 그런 시각
에서 볼 때 고급 아파트 주민들이 공용 샴푸를 챙겨가는 게 이해
될 수 있을 것이다.

THE PSYCHOLOGY of BIG MONEY

05

외모가 좋으면 더 많이 번다

아마존 원주민에 대한 글을 읽었다. 최근에는 대부분의 원주민이 현대 문명 속에서 살아가고 있지만, 그래도 아주 가끔 아마존 밀림 속에서 현대 문명과 만나지 않은 원주민들이 발견되곤 한다. 그런 원주민들의 이야기이다.

이들에게 몇몇 질문을 던졌는데, 그중에 이런 질문이 있었다.

"어떤 남자가 신랑감으로 좋은 남자인가?"

이곳은 돈이 없는 사회이다. 그러니 돈 많은 남자, 부자 남자는 대답이 될 수 없다. 그러면 잘생긴 남자, 튼튼한 남자, 멋있는 남자, 착한 남자 등이 좋은 신랑감이라고 하지 않을까? 그런데 대답은 '사냥을 잘하는 남자, 먹을 것을 잘 들고 오는 남자'였다. 그중한 여자는 자기가 사냥을 잘 못하는 남자와 결혼해서 고생하고 있다고 한탄도 한다.

웃음이 났다. 이런 걸 보면 돈이 많은 남자가 좋다고 하는 여자를 비판할 수 없는 것 같다. 현대사회는 돈으로 먹거리를 구하고 집을 꾸려갈 수 있기 때문에 돈이 많은 걸 바랄 뿐이다. 돈이 없는 사회에서는 돈을 바라지는 않지만 먹거리를 많이 구할 수 있는 남자를 원한다. 돈을 원하든 먹거리를 원하든 결국 '내가 좀 더 편하게 살 수 있게 해주는 사람'이라는 점에서는 똑같은 것 아닌가. 이런 점에서는 수렵사회나 현대사회나 달라진 게 없는 것 같다.

외모가 수익에 미치는 영향

그런데 한 가지 의문점이 든다. 수렵사회에서도 현대사회에서도 인간이 같은 모습을 보인다는 건 이게 사회적 관습이라기보다는 인간의 본능적인 측면이 강하다는 걸 이야기한다. 여자들은 배우자로 경제적 능력을 요구한다. 그런데 좀 나이가 들면 몰라도 아직 사회의 때가 묻지 않은 사람들은 경제적 능력보다 외모를 더 중시하지 않나? 멋있는 남자, 잘생긴 남자가 돈 많은 남자보다 훨씬 더 인기가 있다. 어린 여자들이 남자를 볼 때 돈보다 외모를 더 중시한다는 건, 여자들이 경제적 능력이 있는 남자를 더 원한다는 가설과 충돌하는 게 아닐까?

그런 생각이 들다가, 한 가지 상념이 지나간다. 혹시 여자들이 배우자감으로 멋있는 사람, 잘생긴 사람을 찾는 게, 그런 사람들이 돈을 더 많이 벌 가능성이 높아서 그런 게 아닐까? 그러면 외모를 좋아하는 것과 돈을 중시하는 게 서로 같은 이야기로 충돌하는 게 아니다.

외모가 좋을수록, 사람들의 수입도 높아진다는 연구들이 있다. 이에 대한 가장 유명한 연구 중 하나는 미국 텍사스 대학 대니얼 해머메시 교수의 연구이다. 해머메시 교수는 외모와 수입의 관계에 대해 연구를 오랫동안 수행하여 2011년 이에 대한 책을 발간하기도 했지만, 가장 기본적인 연구는 1993년에 발표한 연구이다. 여기에서는 미국의 1971년 2,164명에 대한 고용 조사, 1977년 1,515명의 삶의 질에 대한 조사, 1981년 캐나다인 3,415명의 삶의 질 조사를 기반으로 외모와 수입 간 관계를 살펴보았다.

이 조사들의 독특한 점은, 이 조사들에서는 설문 면접관이 설문 대상자에 대한 외모를 평가했다는 것이다. 보통은 외모에 대한 연구는 연구자가 사진을 보고 외모를 평가하고, 그 평가 점수와 수입 등을 비교한다. 그런데 사진으로 평가하는 게 제대로 된 외모 평가가 될 수는 없다. 위 설문 조사들에서는 설문 조사자들이 직접 대상자를 만나서 외모를 평가했기에, 보다 외모에 대한 보다 나은 정보라고 본다.

연구 결과는 예상대로였다. 외모가 좋은 사람들이 보통 사람들보다 수입이 좋았다. 그런데 예상과 다른 점들도 있었다. 보통 외모가 사람들의 수입에 영향을 미친다고 하면, 남자에게 더 영향을 미칠까 여자에게 더 영향을 미칠까? 일반적으로는 여자의 미모가 수입에 더 영향을 미칠 것으로 생각한다. 그런데 결과는 달랐다. 남자의 외모가 여자의 외모보다 더 수입에 영향을 미쳤다. 외모가 좋은 남자는 시간당 수입이 보통 외모의 남자들보다 5.3% 더 높았다. 그런데 외모가 좋은 여자는 보통 여자보다 3.8% 높았다. 외모로 인한 수입 증가는 여자들보다 남자들이 더 컸다.

의외의 결과는 또 있었다. 외모가 보통보다 떨어지는 사람들의 수입이다. 외모가 떨어지는 경우, 보통 사람들보다 수입이 낮았다. 그런데 수입이 낮은 정도가 예상보다 훨씬 더 컸다. 외모가 떨어지는 경우 남자는 보통 사람들보다 9.1%나 수입이 낮았고, 여자는 5.4% 낮았다. 남자의 외모가 좋은 경우에는 5.3%, 여자가 외모가 좋은 경우에는 3.8% 높았었다. 그런데 남자의 외모가 안 좋은 경우의 불이익은 9.1%이고 여자의 외모 불이익은 5.4%였다. 외모가 좋은 사람이 수입이 더 좋다기보다는, 외모가 안 좋은 사람들의 수입이 낮은 게 더 문제였다. 그리고 여자의 외모에 대한 차별보다는 남자의 외모에 대한 차별이 더 심했다. 여자는 그 차이가 9.2%였는데, 남자는 14.4%나 된다. 외모로 가장 이익을 보는 건 잘생긴 남자였고, 외모로 가장 손해 보는 사람은 못생긴 남자였다.

내가 외모와 수입 간 연구에서 가장 믿을만하다고 보는 건 미국 메릴랜드 대학 이수형 교수와 서울대 류근관 교수가 2012년에 발표한 논문이다. 여기에서는 한국의 한 유명 결혼정보회사에 등록되어 있는 약 9천 명의 외모 평가와 수입 자료를 기반으로 했다.

한국 결혼회사의 외모 평가는 굉장히 엄격하다. 개인의 주관으로 평가하는 게 아니라 시스템적으로 평가지표가 있다. 또 수입도 보통 설문조사처럼 자기 수입이 얼마라고 말한다고 되는 게 아니다. 실제 수입이 얼마인지를 증명하는 공식 자료를 제출해야 한다. 수입과 외모가 다른 자료들보다 훨씬 객관적이다.

여기에서도 비슷한 결과가 나왔다. 결혼정보회사는 외모를 A, B, C, D 등급으로 구분했는데, A 등급 남자는 보통인 C 등급 남자보다 15% 정도 수입이 많았다. 그리고 여자는 A등급이 C등급보다 11% 정도 더 많았다. A등급 외모가 수입이 더 많았는데, 여자보다는 남자가 그 정도가 더 컸다.

이 연구에서는 외모가 낮다고 해서 평균보다 수입이 더 낮아지지는 않았다. 낮다고 해도 통계적으로 볼 때 진실이라고 보기는 힘들었다. 그런데 이 결과를 보고 앞에서 살펴본 것과 달리 외모가 안 좋은 경우 수입의 불이익이 없다고 하기는 어렵다. 이 자료는 한국의 유명 결혼정보회사 등록 자료를 바탕으로 한 것이고, 외모나 수입이 정말 안 좋은 경우에는 아예 처음부터 결혼정보회사에 등록하지 않았을 가능성이 크기 때문이다.

외모가 왜 영향을 줄까?

어쨌든 이런 연구를 보면, 외모는 사람들의 수입에 영향을 미친다. 외모가 좋으면 수입이 커질 가능성도 높아진다. 그런데 외모가 좋으면 그 사람의 실력이 좋아지기 때문에 수입도 좋아지는 걸까? 그럴 리는 없다. 외모에 따라 실력, 성적도 좋아지는지에 대한 연구도 많이 이루어졌다. 하지만 외모는 공부 성적, 학업 성적과 별 관계가 없는 거로 나온다. 외모는 성적, 실력 등과 별 상관이 없는데 수입에는 영향을 미친다. 그래서 외모에 의한 수입 차이는 사회적 편견, 오해에 의해 이루어지는 것으로 판단한다. 사람을 외모로 판단하는 것, 외모만으로 다른 사람을 좋아하는 건 제대로 된 판단이 아니라 선입견일 뿐이다. 하지만 외모로 인한 판단이 편견, 오해이든, 잘못된 판단이든, 어쨌든 실제 외모에 따라 수입 차이가 나고 있는 건 사실이다. 여자보다 남자의 수입 차이가 더 크고, 특히 외모가 떨어지는 남자는 큰 불이익을 받고 있다. 불합리적이라고 비판하기는 하지만, 현실은 그렇게 굴러가고 있다.

아마존 원주민들이 훌륭한 남편감은 사냥을 잘해오는 남자라고 하는 말, 그리고 외모가 좋은 남성이 수입이 좋다는 연구 결과들을 떠올려보니 결혼 적령기의 여자들이 남자를 외모로 판단하는 게 진짜로 잘생긴 남자가 좋아서만은 아닌 것 같다는 생각이 든다. 남자들이 아직 어릴 때는 이 남자가 나중에 돈을 잘 벌지 못 벌지 알 수 없다. 이때 어린 여자들은 무엇을 보고 결혼 가능성이 있는 남자를 판단해야 할까? 일을 잘할지, 실력이 있는지는 알 수 없다. 그런데 일반적으로 외모가 좋으면 돈을 벌 가능성이 높다. 그렇다면 외모를 보고 남자를 판단하는 게 나름대로 합리적인 게 아닐까. 남자가 이쁜 여자를 원하는 이유와 여자가 잘생긴 남자를 원하는 이유는 다를 것이다. 그런데 여자가 잘생긴 남자를 원하는 이유는 잘생긴 남자가 나중에 더 수입이 높을 가능성이 커서일 수 있다.

성형수술을 하는 사람은 남성보다 여성이 많다. 하지만 정말로 성형수술이 필요한 사람은 여자가 아니라 남자인 것 같다. 외모에 의한 수입 차이가 실제로는 남자 사이에서 더 크다는 연구결과들을 보면 그렇게 생각할 수밖에 없지 않을까.

THE PSYCHOLOGY of BIG MONEY

06

부자가 욕을 먹는 제로섬 사회

2024년 경제성장률은 2.0%였다. 그리고 2025년 경제성장률은 1%대로 예상하고 있다. 한국은행은 2025년 경제성장률을 1.9%로 예상하였고, 기재부는 1.8%, 국가미래연구원은 1.67%로 예상한다. 어느 기관이든 한국의 경제성장률이 1%대가 될 것으로 예상하고 있다. 한국의 경제성장률은 2010년대만 해도 평균 3%대는 되었다. 2020년 코로나 사태로 2020년대 초반의 경제성장률이 급락과 급등하기는 했지만 그래도 평균 2%는 넘었다. 그런데 2024년 2.0%를 기록하고, 2025년에는 1%대가 예상된다. 한국의 경제성장률은 계속해서 하락하는 추세이다. 이런 추세로 경제성장률이 하락하면 10년 내에 0% 대의 경제성장률이 될 것이다.

한국의 경제성장률이 계속 하락하는 추세이고, 이제 1%대까지 예상되는 걸 보다 보니 이런 생각이 떠오른다. '부자가 되면 안 되는 사회, 큰돈을 벌려고 하면 욕을 먹는 사회가 다가오고 있구나.'

0%대의 경제성장률은 경제가 거의 성장하지 않는 사회이다. 사회 전체적으로 소득이 증가하지 않고 제자리걸음을 하는 사회, 즉 제로섬^{zero sum} 사회이다. 한국 사회는 제로섬 사회가 되어가고 있다.

제로로 수렴하는 사회

제로섬 사회는 1980년, 미국 MIT 대학 경제학자였던 레스터 써로 교수가 제시한 개념으로, 생산량이 고정되어 있어 사회적 이득의 총합이 0이 되는 사회이다. 누군가가 이익을 얻으면 다른 누군가가 손실을 본다. A가 10의 이익을 얻으면 다른 사람들이 10의 손실을 본다. B가 10의 손실을 얻거나, 아니면 C, D, E가 합해서 10의 손실을 얻거나 하는 식이다.

이에 대하여 비제로섬 사회는 생산량이 증가되어 사회적 이득의 총합이 +가 되는 사회이다. 이때는 누군가가 이익을 얻더라도 손해 보는 사람이 없을 수 있다. 사회 구성원 모두가 다 이익을 보는 게 가능하다. A가 10의 이익을 얻었을 때, B는 5, C는 2 하는 식으로 손해 보는 사람 없이 모두 이익을 얻을 수 있는 사회이다.

한국은 지난 몇십 년 동안 비제로섬 사회였지만, 이제 경제가 성장하지 않는 제로섬 사회가 되어가고 있다. 제로섬 사회가 되면 어떤 문제가 발생할까? 소득이 줄어들면 사람들이 전체적으로 가난해진다는 이야기이니 문제가 크다. 하지만 소득이 줄어들지 않고 제자리라면 큰 문제가 없는 것 아닐까. 소득이 증가되어 잘살게 되는 게 더 좋기는 하지만, 소득이 제자리라서 그냥 현재와 같이 계속 살아가는 것도 별문제 없지 않을까?

물론 그럴 수도 있다. 하지만 제로섬 사회가 될 때 가장 큰 문제점은 생산량이 증가하지 않는다는 게 아니라 사람들의 의식과 생각이 달라진다는 점이다. 칼 마르크스는 사회의 경제구조가 그 사회의 제도와 규범, 사고방식을 규정한다고 보았다. 제로섬 사회가 되면, 우리들은 제로섬 사회에 적합한 사고방식을 가지게 된다. 그리고 제로섬 사회의 가장 중요한 사고방식은 '부자는 나쁜 놈들'이라는 점이다. 부자만이 아니다. 돈을 벌려고 하는 사람, 더 잘 살아보겠다고 노력하는 사람들도 나쁜 놈들이다. 돈에 욕심내지 말고, 더 잘 살려 하지도 말고 그냥 현재 주어진 대로 살아가는 게 미덕인 사회가 된다.

경제가 성장하는 사회, 비제로섬 사회에서는 내가 돈을 벌더라도 다른 사람들에게 손해를 끼치지 않을 수 있다. 다른 사람이 손해 보는 경우도 있지만, 보상을 잘 하고 하면 서로 이득을 보는 윈윈 관계가 가능하다. 이때는 부자가 된다는 게 사람들에게 동경이 될 수 있고 부러움도 될 수 있다. 내가 돈을 벌기 위해 노력해도 다른 사람들의 비난을 받지 않을 수 있다. 돈을 버는 것, 부자가 되는 게 나쁜 짓이 아니다.

하지만 경제가 제자리걸음인 제로섬 사회에서는 이야기가 다르다. 내가 돈을 더 벌었다는 건, 사회의 누군가가 그만큼 돈을 잃었다는 것이다. 내가 큰 부자가 되면, 그만큼 망한 사람들도 있다는 뜻이다. 제로섬 사회에서는 다른 사람들의 희생을 바탕으로 돈을 번다. 큰돈을 번 사람은 다른 사람들에게서 돈을 빼앗은 사람이다. 다른 사람을 가난에 빠지게 하고 자기만 잘사는 사람이다. 절대 칭송의 대상이 될 수 없다. 나쁜 놈이다.

이기적인 원숭이

원숭이들을 대상으로 한 실험이 있다. 원숭이가 바나나를 먹으려 바나나를 당기면, 그 앞에 있는 우리에 전기충격이 가해져 그 우리 안에 있는 원숭이가 고통을 받는다. 처음에는 자기가 바나나를 먹으려 하면 앞 우리 원숭이가 고통을 받게 된다는 걸 모른다. 하지만 몇 번 하다 보면 자기가 바나나를 먹으려 할 때 앞 우리 원숭이가 고통을 받는 걸 알게 된다. 이때 원숭이는 어떻게 할까? 앞 우리 원숭이가 고통을 받던 말던 바나나를 먹으려 할까, 아니면 앞 우리 원숭이가 고통을 받지 않도록 바나나를 먹지 않을까. 70% 정도의 원숭이는 바나나를 먹지 않는다. 자기가 굶주려도 최대한 바나나를 먹지 않으려 한다. 30% 정도의 원숭이는 그냥 바나나를 먹는다. 원숭이들은 착하다. 다른 원숭이를 희생해서 자기 배를 채우려하지 않는다. 하지만 다른 원숭이들의 고통은 생각하지 않고 자기가 원하는 걸 얻으려는 원숭이들도 분명 적지 않게 존재한다.

사람들도 마찬가지다. 대부분의 사람은 다른 사람을 고통에 처하게 하면서 자기가 잘 되려고는 하지 않는다. 제로섬 사회가 되면 부자가 되는 것, 큰돈을 버는 건 바라지 않는 사람들이 대부분이 될 것이다. 그러나 그중에서도 부자가 되려는 사람은 있을 것이다. 이런 사람들은 다른 사람들은 생각하지 않는 이기적인 원숭이와 같은 존재들이다. 이런 사람들만 큰돈을 벌고 부자가 되니, 부자들은 비난의 대상이 될 수밖에 없다.

전통 사회에서 부자들이 존경의 대상이 아니라 비난의 대상이 된 건 그 때문이다. 산업혁명 이전의 전근대 사회는 경제가 거의 성장하지 않는 제로섬 사회였다. 조선도 제로섬 사회이고, 중국도 제로섬 사회이고, 유럽도 제로섬 사회이다. 이런 사회에서 누군가 부자가 되었다는 건 다른 사람들로부터 돈을 가져간 것이다. 부자는 나쁜 놈들일 수밖에 없다. 전근대 사회에서는 어느 나라에서나 부자들은 비판을 받았다.

18세기 산업혁명이 시작되면서 세계 각국은 제로섬 사회에서 비제로섬 사회로 이동한다. 다른 사람들에게 피해를 주지 않고 부자가 되는 게 가능한 사회가 된 것이다. 그래서 부자가 되는 걸 비난하지 않고 긍정적으로 보는 사고방식이 만들어지기 시작한다.

칼뱅Jean Calvin은 돈을 버는 건 하나님의 은총을 확인하는 것으로 나쁜 일이 아니라고 했다. 큰돈을 버는 건 하나님의 은총이 크다는 걸 보여주는 증거였다. 근대 자본주의 성장은 이렇게 돈을 버는 게 나쁜 게 아니라 오히려 좋은 것이라는 칼뱅의 주장에 크게 영향을 받았다고 본다.

하지만 칼뱅이 이런 주장을 한 것, 그리고 이런 주장이 사회에 받아들여지게 된 보다 중요한 원인은 사회가 비제로섬 사회가 되었기 때문이다. 다른 사람들에게 손해를 끼치지 않으면서도 부자가 되는 게 가능한 사회가 되었기 때문이다. 제로섬 사회였다면, 즉 다른 사람들에게 손해를 끼치지 않으면 부자가 될 수 없는 사회였다면, 칼뱅의 주장이 사회에 받아들여졌을 리가 없다.

한국은 이대로 가면 더 이상 성장하지 않는 제로섬 사회가 될 것이다. 그러면 지금 일반적으로 받아들여지는 생각이 그때는 더 이상 용인될 수 없는 사고방식이 될 것이다. 부자가 되려 하는 것, 큰돈을 벌려 하는 건 조선 시대와 같이 반사회적인 행동이 될 것이다. 지금은 학생들이 돈을 많이 벌 수 있는 의사, 변호사가 되면 칭찬을 한다. 하지만 제로섬 사회가 되면 의사, 변호사가 되려는 학생은 이기적인 놈으로 비난을 받을 것이다. 조선시대, 유럽 중세 때 의사, 변호사의 지위가 낮았던 건 그럴만한 이유가 있다. 노동조합에서 임금인상을 요구하는 것도 사회적 비난의 대상이 될 것이다. 임금인상은 다른 사람들의 소득을 빼앗아 가는 나쁜 짓이다. 사람들이 먹고살 만큼의 돈을 요구하는 것만 인정될 수 있다. 그 이상의 돈을 추구하는 건 사회적으로 용인될 수 없다. 누군가

보다 잘살게 된다는 건, 다른 사람이 못살게 되는 것이다.

다른 사람이 잘되는 걸 비난하고 발목을 잡는 사회는 문제가 있다. 그런데 제로섬 사회가 그런 사회이다. 현재 한국 사회는 저출산이 문제라고 하는데, 제로섬 사회가 되는 건 그에 못지않은 큰 문제이다. 한국이 제로섬 사회가 되는 것만은 막았으면 한다. 그건 조선시대로 돌아가는 길이다.

THE PSYCHOLOGY of BIG MONEY

07

일이 선택인 부자들의
돈을 빼내기 위해 필요한 것

경제학에 낙수 효과trickle-down effect라는 것이 있다. 부자들의 투자, 소비가 늘어나면 저소득층의 소득도 따라서 증가하게 된다는 효과이다. 부자들이 소비를 하면 그에 따라 생산도 늘어나고 중산층, 저소득층의 소득도 늘어난다고 본다.

한국에서는 이명박 정부에서 낙수 효과에 기반한 경제정책을 실행했다. 재벌들, 대기업들, 부자들이 돈을 많이 벌면, 그에 따라 다른 사람들의 소득도 늘어날 거라는 기대하에 부자들이 돈을 잘 벌 수 있는 정책을 시행했다. 하지만 이명박 정부 때 부자들은 큰 돈을 벌었지만 중산층, 저소득층의 소득은 별로 늘지 않았다. 부자만 더욱 부자가 되었을 뿐이었다. 낙수 효과가 작동하지 않았고, 그래서 이명박 정부는 단지 부자만을 위한 경제정책을 시행했다고 비난을 받았다.

　현재는 이 낙수 효과에 대한 비판이 많다. 낙수 효과는 19세기 말에 처음 제시된 이론이다. 자본주의가 아직 제대로 발달하지 못한 그 당시에는 낙수 효과가 작동했을 수도 있다. 하지만 이명박 정부 때의 경험에서 보듯이 현대 경제에서는 부자의 소득이 증가하면 그냥 부자의 소득만 증가할 뿐이다. 2015년 IMF는 세계 150개국의 경제를 분석해서, 부유층의 소득 비율이 1% 증가하면 경제성장이 0.08% 감소한다고 보았다. 부자의 소득이 증가한다고 그에 따라 중산층, 저소득층의 소득이 따라서 증가하는 효과는 잘 나타나지 않는다. 낙수 효과는 틀린 이론이었다. 부자들의 소득을 보장하는 정책을 할 필요는 없다.

부자와 보통 사람의 다른 점

부자는 보통 사람들과 크게 다른 점이 하나 있다. 일정 규모 이상의 자산이 있는 부자들에게는 일하는 게 자신의 선택이라는 사실이다. 보통 사람들은 일을 해야 돈을 번다. 그래서 일하는 건 필수이다. 퇴직을 해서 잠시 일을 하지 않을 수는 있다. 그러나 있는 돈이 떨어지면 다시 일하러 가야 한다. 일을 하지 않는다고 굶어죽는 건 아니다. 요즘은 우리나라도 복지 제도가 잘 되어 있어서 최소한 굶어 죽지는 않게 해준다. 그러나 정말로 굶어 죽지 않고 먹고 살기만 할 게 아니라면, 일을 해서 돈을 벌어야 한다.

정부는 기업들의 경제활동에 대해 계속 이런저런 규제를 만든다. 사업을 하면서 따라야 하는 규제, 지켜야 하는 절차를 계속 만들고 이런 규제를 따르지 않으면 처벌하겠다고 한다. 보통 직장인들은 그런 규제가 불합리하고 과도하다고 생각하더라도 그 규제에 따라야 한다. 그러지 않으면 기업이 망하고, 자기 일자리가 사라진다. 정부가 아무리 이상한 규제를 해도, 그 규제에 대해 도무지 공감이 가지 않더라도, 그래도 규제를 지키려 한다. 여기에 먹고사는 문제가 걸려 있다. 최대한 정부의 규제 방향에 맞춰주어야 한다.

그런데 부자는 아니다. 몇십억, 백억 원 이상의 자산을 가진 부자는 일하는 게 필수가 아니다. 이런 정도의 자산이 있는 부자는 매일 골프치고, 여행 다니고, 술 마시며 살아도 된다. 하지만 인생을 그런 것만 하면서 보내기는 좀 그렇다. 흥미가 있고 관심이 가는 일을 하고 싶다는 생각이 들기도 한다. 몇십억 자산이 있는 상태에서 월급 몇백만 원을 더 벌기 위해 취직하지는 않는다. 이때 자산가는 자기 사업체를 만드는 게 옵션이다.

일반 사람들이 사업체를 만들면 보통 자영업자가 된다. 자기 혼자 일하거나, 아니면 알바 몇 명 두는 수준이다. 하지만 자산가가 사업을 할 때는 그렇지 않다. 자산가가 스스로 설거지하고, 장 보러 다니고, 청소하면서 사업을 하려 하지는 않는다. 못해도 몇 명은 고용하는 사업체를 만든다. 식당을 하더라도 10여 명은 고용하는 레스토랑을 만들고, 사업을 해도 많은 사람들을 고용하며 일을 시작한다. 최소 몇억 원으로 일을 시작하고, 몇십억 원이 투자되는 것도 드물지 않다. 이렇게 부자들의 큰돈이 사회로 나온다.

낙수 효과는 부자들의 소비에 의해서 이루어지지 않는다. 부자들이 소비를 한다고 해서 얼마나 큰돈이 나오겠나? 일주일에 3번씩 골프를 치러 다닌다고 해도 한 달이면 12번, 일 년이면 140번 정도이다. 한 번 나갈 때 골프비로 30만 원을 쓴다고 해도 4천만 원 정도이다. 우리나라 경제에서 4천만 원 소비를 더 해보았자 별 효과 없다. 부자가 매일 소갈비를 먹는다고 해도 마찬가지이다. 이전에 굶다가 매일 소갈비를 먹으면 도움이 될 수도 있다. 하지만 이전에 돼지갈비, 불고기 먹다가 소갈비를 먹게 되면, 소갈비 매출은 늘지만 돼지갈비 매출은 준다. 경제에 미치는 효과는 그리 크지 않다.

하지만 투자는 다르다. 10명을 고용하는 레스토랑을 만들면 1년에만도 십억 원대의 돈이 지출된다. 그 돈으로 10명이 일자리를 구하고, 인테리어 업체, 식자재 업체 등이 돈을 번다. 1년 골프비 4천만 원과는 비교될 수 없다. 이건 분명히 경제에 긍정적인 영향을 미친다. 19세기는 아직 가난한 사회였기 때문에 부자의 소비가 중요했을지 모른다. 그러나 지금은 부자의 소비는 그리 큰 효과가 없다. 부자의 투자가 중요하다. 낙수 효과는 부자의 투자에 의해서 만들어진다.

그런데 문제가 있다. 부자는 투자를 해서 일을 하는 게 선택이다. 부자에게는 두 가지 길이 있다. 매일 골프나 치러 다니고 해외 여행을 다니고, 맛있는 음식이나 먹고 사는 삶. 아니면 있는 돈을 사용해서 무언가 투자를 하고 사업을 하는 삶. 그런데 우리나라는 사업에 대한 규제가 굉장히 강한 나라이다. 특히 처벌 규정이 세다. 다른 나라에서는 과태료 등으로 끝날 문제가 형사 처벌되곤 한다. 사업과 관련된 규제를 잘 지키지 않으면 본인의 고의 과실이 없어도 경찰서에 불려 가고, 전과자가 되고 감옥에 간다.

보통 사람은 어쨌든 먹고살기 위해서는 그런 규제를 따라야 한다. 하지만 부자는 아니다. 내가 이 사업을 하고 싶기는 하다. 하지만 관공서에 불려 가고 경찰이 찾아오고 감옥에 갈 위험을 무릅쓰고서라도 사업을 해야 할까? 그래도 사업이 꼭 하고 싶어서 사업을 시작하는 사람도 있을 것이다. 하지만 많은 부자들의 결론은 '에이. 그냥 골프나 치며 여행이나 다니며 살자'이다.

진정한 낙수 효과

어떤 사람은 부자가 사업을 해서 더 큰 부자가 되는 걸 방지할 필요가 있다고도 한다. 부자가 아닌 사람에게 사업할 기회를 더 주어야 하지 않겠냐는 것이다. 그런데 부자라고 해서 사업에 성공할 확률이 더 높아지는 건 아니다. 보통 사업의 90%가 망하는데, 부자의 사업도 마찬가지다. 최근 필자의 지인 중 몇십억 원을 들여 사업을 했는데 말아먹은 사람이 두 명이 있다. 그 돈은 몇 년 동안 몇십 명의 사람들이 월급을 받고 직장 생활하는 데 사용되었다. 부자가 사업을 새로 시작해서 더 큰 부자가 되는 경우도 있지만, 몇십억 원의 돈을 말아먹는 경우가 더 많다. 부자는 이렇게 몇십억 원을 말아먹어도 일상생활에는 큰 지장 없다. 그냥 사회에 기부한 셈이다. 이게 진정한 낙수 효과이다.

낙수 효과가 제대로 작동하지 않는 건 다른 이유 때문이 아니다. 부자가 사업을 새로 하려 해도 사업하기가 어려운 나라, 규제가 많은 나라, 사업자들을 강하게 처벌하는 나라에서는 부자가 제대로 투자를 할 수 없다. 돈은 있는데 투자는 하기 힘드니 그냥 놀고 쉰다. 돈은 그냥 금융상품, 주식, 부동산에만 있고, 위험한 사업을 하지 않으니 오히려 부자 재산은 더 늘기만 한다. 낙수 효과가 작동하지 않는다.

이명박 정부 때 낙수 효과가 작동하지 않은 건 당연한 거다. 이명박 정부 때는 중소상공인을 보호한다는 명목으로 중소기업보호업종을 지정하고, 부자들이 커피숍, 빵집 등도 하지 못하게 했다. 부자들이 새로운 사업 투자를 제대로 하지 못하게 했으니 낙수 효과도 없다. 새로운 사업하기가 어려운 나라에서는 낙수 효과가 일어나기 힘들다. 소수 선진국을 제외하고 대부분의 국가에서는 새로운 사업을 하기가 어렵다. 세계적으로 낙수 효과가 제대로 작동하지 않는 이유이다.

부자들에게는 일을 할까, 그냥 놀고먹을까가 선택이다. 이때 자기 돈을 들여 사업을 하고 일을 하게 하기 위해서는 사업에서의 규제는 줄여주어야 한다. 그러지 않으면 부자는 사업을 하지 않고 그냥 골프나 치고 여행이나 다니고 맛있는 음식이나 먹고 다닌다. 부자들의 돈을 빼내기 위해서는 부자들이 사업을 쉽게 할 수 있는 환경을 만들어주는 게 필요하다. 그래야 부자들의 돈이 사회에 풀리고 그 돈으로 먹고사는 사람들이 늘어나는 낙수 효과가 생겨날 수 있다.

THE PSYCHOLOGY of BIG MONEY

08

기업의 사회적 책임론이
잘 먹히지 않는 이유

매년 5월 4일, 전 세계 투자자들의 축제라 할 수 있는 미 버크셔 해서웨이 주주총회가 오마하에서 열린다. 금세기 최고의 투자자로 일컫는 워런 버핏과 찰스 멍거_{Charles Munger}가 직접 나와 1년간의 투자 활동을 정리한다. 그런데 2인자 찰스 멍거는 23년 11월, 99세의 나이로 사망했다. 24년에는 워런 버핏과 후임자 그레그 아벨이 주주총회를 이끌었다. 워런 버핏은 2024년에 94세였다. 그는 2025년에 은퇴를 선언했는데, 워런 버핏 이후에도 버크셔 해서웨이가 유명 투자회사로 남을지는 두고 볼 일이다.

버크셔 해서웨이 주총은 축제처럼 열리는 Q&A 세션이 주고, 그 이후 좀 더 공식적인 주주 미팅이 열린다. 이 주주 미팅에서는 주주 제안 시간이 있다. 소액 주주들이 발언 기회를 얻어 버크셔 해서웨이에 다양한 제안을 할 수 있다. 2024년 주주 제안들은 버크셔 해서웨이의 사회적 책임을 증가시킬 수 있는 방안들이 주로 이야기되었다. 탄소 제로에 기여해야 한다는 제안, 근로자, 고용 조건에 대한 책임, 이익 공유 방안 등이 대표적이다. 기업이 주주의 이익이 아니라 근로자, 지역사회, 시민사회 등 여러 이해관계자들의 이익을 위해 노력해야 한다는 이해관계자 자본주의, 환경보호와 사회적 책임 등을 중시해야 한다는 ESG 경영 등에 충실한 제안이었다.

누가 봐도 정당하고 타당한 제안들이다. 하지만 난 그 말들을 들으며 이런 생각이 든다.

'저 사람 정말로 투자자인 주주 맞나? 투자자가 아니면서 저 말을 하기 위해 일부러 주식을 사서 주주로 온 거 아닌가?'

내 의문의 이유

이런 의문이 든 건 당연하다. 기업의 사회적 책임을 중시하는 이해관계자 자본주의, ESG 경영 등은 최소한 투자 수익으로 먹고 사는 투자자, 주주들에게는 받아들이기 힘든 개념이기 때문이다. 그런 주장은 투자자, 주주 이외의 사람들이 하는 이야기이다.

이해관계자 자본주의, ESG 경영 등에서는 기업이 주주만의 이익만이 아니라 근로자나 지역 사회 등 관련 이해관계자 모두의 이익을 위해야 한다고 한다. 기업의 이익을 주주가 독점하는 것이 아니라, 근로자, 지역사회, 시민사회 등과 골고루 나누어야 한다고 한다. 참 좋은 이야기들이다. 그런데 투자자인 내가 보기에 이런 주장들에는 중요한 포인트가 빠져 있다. 이런 주장들은 이익을 서로 나누자고 이야기한다. 하지만 보다 중요한 건 이익이 아니라 손해가 났을 때, 그 손해를 누가 부담할 것인지, 손해를 어떻게 나눌지이다.

이익을 나누는 건 그리 어려운 문제가 아니다. 물론 이익을 나누는 것도 간단한 일은 아니지만, 어쨌든 서로 나누어 먹을 것이 있을 때는 서로 합의하고 잘 지내는 게 가능하다. 하지만 손해를 나누는 건 간단하지 않다. 이익을 얻기 위해 달려드는 것과 손해를 피하기 위해 달려드는 것은 그 강도가 다르다. 이익은 좀 덜 얻어도 된다. 하지만 손해는 절대 보지 않으려 한다. 그게 사람들의 일반적인 정서이다.

기업이 이익을 냈을 때, 그 이익을 주주, 근로자, 지역사회 등이 서로 나누어 가지는 건 충분히 가능하다. 대부분의 투자자는 기업에 투자할 때 완전 대박을 원하지는 않는다. 적정 이익이기만 하면 되고, 은행 이자보다 조금 더 높은 이익만으로 만족하는 투자자도 많다. 그 이상 이익이 있을 때 그걸 근로자, 지역사회 등과 나누는 건 별문제가 아니다.

문제는 손실이 났을 때다. 주주는 기업이 손실이 나면 바로 자신의 손실이 된다. 배당금을 받지 못하고 주가가 떨어져서 자본

손실이 난다. 또 기업이 유상증자를 하면 주주들은 돈을 더 집어넣어야 한다. 그런데 이익이 날 때 그 이익을 나누어 가지는 근로자, 지역사회 등은 기업이 손실이 날 때 어떤 부담을 질까.

근로자는 기업 손실이 나도 월급, 퇴직금 등이 깎이지 않는다. 사업에서 손실이 났다고 월급을 안주거나 늦게 주면 큰일 난다. 기업이 완전히 문을 닫을 정도로 손실이 나고 구조조정을 해야 하는 사정까지 된다면 근로자도 타격을 받는다. 하지만 그 정도가 아니라면 근로자는 기업이 손해난다고 해서 크게 피해를 입지 않는다. 이익이 났다면 받을 수 있는 성과급, 이익이 났다면 오를 연봉이 오르지 않는 정도이다. 기업이 손해가 났다고 해서 근로자가 스스로 자기 월급을 포기하겠다고 나서는 경우는 없다. 자기가 그동안 모은 돈을 적자를 메꾸라고 기업에 갖다주는 경우도 없다.

지역사회, 시민사회 등 이해관계자들은 더더욱 별문제될 게 없다. 기업이 손실이 났다고 하면 그냥 '적자라며. 안 되었네'하는 정도이다. 기업이 적자라고 해서 지역사회 주민, 시민운동가들이 돈을 모아 그 적자를 메꿔줄 생각은 절대 하지 않는다.

기업의 이익을 주주만이 아니라 근로자, 지역사회, 기타 이해관계자와 나누어야 한다고 주장하는 사람은 많다. 하지만 기업이 손실이 났을 때 그 손실을 근로자, 지역 주민 등이 같이 메꾸자는 이야기는 아무도 하지 않는다. 이해관계자 자본주의는 어디까지나 기업이 이익이 났을 때의 논리일 뿐이다. 기업이 손실이 났을 때 어떻게 해야 하나에 대해서는 아무 이야기도 하지 않는다. 그건 그냥 기업과 주주들이 알아서 할 기업, 주주들의 사정일 뿐이다.

손실이 날 때 그 손실을 같이 부담하고 이익이 날 때 그 이익을 서로 나누자고 하면 설득력이 있다. 하지만 이익이 날 때는 그 이익을 나누고, 손실이 날 때 그 손실은 네가 다 부담하라고 하면 거기에 동의할 사람은 아무도 없다. 이건 투자자, 주주가 욕심쟁이이고 자기밖에 모르기 때문에 발생하는 문제가 아니다. 사회의 어떤 일에서도 '이익이 나면 우리 서로 나누자. 그런데 손해가 나면 그건 네가 다 알아서 하는 거로 하자'라는 말을 흔쾌히 받아들이는 사람은 없다. 자기라면 절대 받아들이지 않을 일을 다른 사람에게 요구하는 건 정당한 요구가 될 수 없다. 손해가 났을 때는 나 몰라라 하면서 이익이 났을 때만 이익을 나누자고 하면 그런 주장은 받아들일 수 없다. 주주, 투자자들이 이익을 모두 같이 나누자는 말을 받아들일 수 없는 이유이다.

기업의 이익이 중요하지 않고 주가의 등락을 중시하는 기술적 주식 투자가들은 주주이기는 하지만 기업의 이익을 모두 나누어야 한다는 대의명분에 지지를 보낼 수 있다. 투자수익이 목적이 아니라 다른 목적으로 주식을 가지는 주주들도 이해관계자 자본주의에 찬성할 수 있다. 하지만 기업의 이익으로 투자 실적이 결정되는 투자자, 배당금으로 살아가야 하는 주주들은 그런 주장을 지지하지 않는다.

하지만 사회에서 투자자, 주주들이 기업의 이익을 나누어야 한다는 주장에 대해 반대하는 목소리는 찾기 힘들다. 그런 논조로 이야기하는 학자와 언론이 가끔은 있지만, 막상 투자자, 주주들이 앞으로 나서서 자기는 그런 이야기에 반대한다는 이야기를 명시적으로 하지는 않는다. 그러나 이들이 적극적으로 나서서 반대하지 않는다고 해서 이들도 찬성이라고 생각해서는 곤란하다. 이들은 자기 목소리를 높이지 않는다. 그냥 다만 기업의 이익을 모두 같이 나누어야 한다는 주장이 강한 곳에 이들은 더 이상 투자하지 않을 뿐이다. 투자금을 뺄 수 있으면 빼고, 그런 위험이 없는 곳으로 투자처를 이동시킨다. 투자자, 주주들은 자기 의견을 강하게 주장하지 않는다. 다만 투자처를 옮길 뿐이다. 다른 기업으로 옮기고, 다른 산업으로 옮기고, 또 다른 나라로 옮긴다. 그냥 조용히 빠져나간다.

당연한 결론

기업의 사회적 책임을 강조하는 유럽의 경제가 정체하고, 그 정도가 그렇게 크지 않은 미국의 경제가 계속 잘나가는 건 그런 영향도 크다. 돈 있는 투자자들은 같은 선진국이라 해도 유럽보다는 미국에 주로 투자한다. 이익은 나누고 손해는 네가 다 부담하라는 분위기가 강한 곳에 투자하기는 힘들다.

2024년 버크셔 해서웨이 주총에서, 탄소 제로 등 사회적 책임을 강화하자는 주주 제안은 모두 거절되었다. 주주들이 그걸 원하지 않는다는 이유에서였다. 다른 기업이라면 우리도 탄소 제로에 기여하고 있고, 사회적 책임을 늘리려는 여러 노력을 하고 있다 등으로 설명할 텐데, 버크셔 해서웨이에서는 '주주들이 원하지 않아 시행할 수 없다'라며 아주 노골적으로, 진짜 이유를 이야기한다. 이 솔직함이 버크셔 해서웨이 주주총회를 유명하게 한 주된 원인일 것이다. 여하튼, 기업의 이익을 어떻게 나눌까만을 이야기하는 기업의 사회적 책임론은 제대로 시행되기 힘들다. 기업이 손실이 났을 때 어떻게 할까도 같이 이야기될 때 뭔가 진전이 이루어질 수 있다고 본다. 이익 배분만을 이야기하는 건 반쪽만 보는 것이다.

THE PSYCHOLOGY of BIG MONEY

09

200억 시골 땅을
상속 받으면 발생할 일들

지인이 자기 주변 A의 이야기를 들려주었다. A의 장인어른이 지방에 땅을 많이 가지고 있다고 한다. 시가로 따져서 무려 200억 원이다. 이분에게는 자식 3남매가 있다. 장인어른이 돌아가셔서 200억 원을 상속받으면 상속세로 100억 원 정도 나온다. 많아 보이지만 상속세 100억 원은 별문제가 아니다. 200억 원짜리 땅을 팔아 100억 원 상속세를 내도 100억 원이 남는다. 3남매가 나누어 가지면 1인당 33억 원이다. 남은 인생 충분히 잘 먹고 살 수 있다. A는 지금 삶의 어려움도 장인어른이 돌아가시고 상속을 받게 되면 다 풀리고, 남은 여생은 돈 걱정 없이 잘 살 거로 예상하고 있다.

그 이야기를 전해 듣고 난 A에게 이렇게 전해달라 했다.

'따로 준비하지 않고 그대로 지방 땅 200억 원을 상속을 받게

되면 그 집안은 망할 거다. A뿐만이 아니라 3남매가 모두 같이 망할 수 있다.'

A는 한국에서 상속세가 문제라는 언론 보도 등을 들었을 때, 상속세가 주로 문제 되는 건 상속세 때문에 기업이 다른 사람들에게 넘어갈 수 있는 사업가들뿐이라고 여겼을 것이다. 아니면 상속세 때문에 망한다는 말을 그냥 엄살이라고 생각했을 것이다. 200억 원 상속받아 100억 원을 세금으로 내도 100억 원이 남지 않나. 100억 원이면 여전히 엄청난 부자 아닌가. 100억 원이나 남는데 100억 원 세금 낸다고 요란 떠는 사람들은 그냥 욕심 많은 불평쟁이들이라는 생각이었을 것이다.

평범한 A는 자기도 200억 원을 상속받게 될 것이지만 상속세 때문에 망할 거라고는 상상하지 못한다. 100억 원 세금을 내기는 하지만 남매끼리 나누면 33억 원 정도는 챙긴다. 상속은 자기를 부자로 만들어줄 행운이다.

그러나 그렇지 않다. 이 3명의 남매 집안이 평범한 집안이라면, 이들은 200억 원 상속을 받는 순간 망할 가능성이 크다. 장인어른이 돌아가셔서 지방 땅 200억 원을 상속받았다고 해보자. 그래서 100억 원 세금을 내야 한다고 해보자. 상속세는 장인어른이 돌아가시고 6개월 지나기 전에 내야 하니, 6개월 안에 100억을 내야 한다. 당연히 현금으로 납부해야 한다.

평범한 집안에서 100억 원이라는 현금을 가지고 있을 리 없다. 당장 낼 돈이 없는 경우 상속세는 10년 동안 분할 납부 할 수

있다. 그러나 분할 납부를 한다고 해도 지금 당장 내야 하는 돈
이 10억 원이다. 3명의 자식이 있으면 한 집에 3.3억 원씩 부담해
야 한다. 3억 원이 넘는 돈을 현금으로 가지고 있는 집은 진짜 부
자 말고는 없다. 그리고 내가 부담할 3.3억 원을 낸다고 해서 끝나
는 게 아니다. 상속세는 연대 책임이다. 다른 가족이 내지 못한 것
도 내가 부담해야 한다. 모두 10억 원을 낼 때까지 계속 고지서가
날아 올 것이고, 내지 못하면 세금 체납자가 된다. 이게 10년 동안
계속될 것이다.

가끔 언론에 누가 몇십억 원의 세금을 체납했다는 이야기가
나오면 세금을 떼어먹은 나쁜 놈이라고 비판했을 것이다. 돈이 있
는데 숨겨놓고 세금을 내지 않은 나쁜 사람이라고 욕했을 것이다.
그런데 이 경우 A 가족이 세금 100억 원을 내지 않은 탈세자가 된
다. 그동안 탈세자는 굉장히 나쁜 놈이라고 생각해 왔을 텐데, 그
인식이 바뀔 것이다.

A 가족이 고액 탈세자가 되지 않기 위한 방법은 하나밖에 없
다. 지방 땅 200억 원을 당장 팔아 상속세를 낼 현금을 마련하는
것이다. A는 땅을 팔려고 마음먹으면 바로 팔 수 있다고 생각해
왔을 것이다. 200억 원을 다 받으려면 안 팔릴 수 있어도, 10% 정
도 싸게 내놓으면 금방 팔릴 수 있을 거로 생각한다. 200억 원을
10% 싸게 팔아도 180억 원이다. 100억 원 세금을 내면 80억 원
이 남고 이걸 나누면 27억 원은 된다. 그 정도만 돼도 충분하다.

그런데 그렇게 되지 않는다. 시세보다 10% 싸게 내놓았을 때

금방 팔릴 수 있는 건 아파트뿐이다. 다른 부동산은 20%를 싸게 내놓아도 쉽게 안 팔린다. 그리고 100억 원이 넘는 건 정말 팔기 힘들다. 대도시 건물도 아니고 지방 땅이라면 말할 것도 없다. 절대 안 팔린다.

상속세는 6개월 내에 내야 한다. 이 말은 200억 원 땅을 6개월 내에 팔아야 한다는 말이다. 그러지 않으면 세금 체납자가 되고 재산이 압류된다. 그러니 급매로라도 내놓아야 한다. 몇십 퍼센트를 싸게 팔더라도 무조건 팔아야 하는 상황이 된다.

하지만 아무리 싸게 내놓는다고 해도 몇억 원이라면 모를까, 몇십억 원대 이상의 부동산을 살 수 있는 사람은 극소수이다. 살 수 있는 사람은 거의 없는데, 파는 사람은 하루빨리 팔아야 한다. 이러면 절대적으로 매수자 우위의 시장이 된다.

부동산에서 큰돈을 벌 수 있는 방법이 하나 있다. 바로 상속으로 인해 급매물로 나오는 걸 잡는 경우이다. 경매가 돈이 된다고 하지만, 사실 경매에서 싸게 산다고 해도 20% 할인되는 정도다. 그런데 상속 급매는 경매보다 훨씬 더 싸게 살 수 있다. 아파트 같은 경우는 상속으로 인한 급매물이라고 해도 시세보다 그렇게 싸지 않다. 그러나 몇십억 원, 백억 원이 넘는 건 이야기가 다르다. 그 정도 여유자금이 있는 사람은 거의 없다. 아무리 싸게 내놓아도 살 사람을 찾지 못한다. 보통의 경우는 이렇게 싸게 파느니 그냥 가지고 있겠다고 하고 제값에 살 사람이 나올 때까지 몇 년을 기다린다. 하지만 몇 개월 내에 상속세를 내야 하는 사람들은 그렇게 버틸 수 없다. 가격을 후려쳐서라도 팔아야 한다. 부동산 시장에는 이런 상속 급매물만 노리는 사람들도 있다. 그들에게는 시세보다 몇십억 원을 싸게 살 수 있는 좋은 기회가 된다.

작년에 서울 강남 건물의 한 개 층이 상속 급매로 나왔다. 시세가 60억 원 이상 나가는 알짜 부동산이다. 하지만 상속세 문제로 빨리 팔아야 했고, 40억 원에 매매가 되었다. 평상시라면 절대 그 가격에 거래될 수 없다. 그러나 상속세로 25억 원을 내야 하는데, 그 돈을 구할 수 있는 방법이 따로 있을 리 없다. 30% 이상 할인된 40억 원에라도 팔아서 정리를 해야 했다.

A의 경우를 보자. A가 받을 상속 부동산은 200억 원 가치의 지방에 있는 땅이다. 이게 상속 급매로 팔면 얼마에 팔 수 있을까? 서울 강남의 건물도 상속 급매로 33%를 할인해서 팔아야 했다. 지방 땅은 그것보다 훨씬 더 싸게 내놓아야 팔릴 가능성이 조금이라도 있다.

그런데 생각해 보자. 50% 할인해서 판다고 해도 100억 원이다. 여러분이 100억 원의 자금이 있다고 할 때 지방 땅을 살 것인가 아니면 서울 요지의 빌딩을 살 것인가? 지방 땅이 아니라 도시 땅이라고 해도 마찬가지다. 서울에서도 강남 등의 요지가 아닌 이상 100억 원대 부동산은 팔리기 힘들다. A의 땅은 50% 할인해도 몇 개월 내에 당장 팔리기 힘들 것이다.

200억 원 가치의 기업을 상속받는 경우도 마찬가지다. 200억 원 가치의 기업이면 연 10억 원 정도의 이익을 벌고 있을 것이다.

해마다 10억 원을 벌고 있는데, 상속세로 100억 원을 내야 한다. 그러면 상속세를 낼 수 있나? 5천만 원 연봉을 받고 있는 사람이 세금으로 5억 원을 내야 하는 상황과 같다. 200억 원 가치의 기업이긴 하지만 100억 원 세금 낼 돈은 없다. 이때 상속세를 내기 위해서는 이 기업을 팔아야 한다. 그런데 이걸 누가 사나. 상장회사라면 주식을 내놓으면 살 사람이 있을 것이다. 그러나 비상장 중소기업을 살 사람은 정말 찾기 힘들다. 200억 원 부동산을 100억 원에도 팔기 힘든 것처럼, 200억 원 기업도 100억 원에 팔기 힘들다. 100억 원에라도 팔면 상속세 100억 원을 내면 끝이다. 땅이든 기업이든 그냥 다 날라간다. 그런데 만약 100억 원에도 팔 수 없으면? 200억 원 가치의 땅이나 기업을 100억 원에 내놓았는데, 그래도 팔리지 않으면? 그러면 꼼짝없이 거액의 세금 체납자가 된다. 상속받은 재산만이 아니라 자기 재산까지 압류될 수 있다.

압류된 땅은 더 팔기 어렵다. 나중에 80억 원 정도라도 팔리면 상속세 낼 돈 20억 원이 모자란다. 그러면 3남매가 이 돈을 메꿔 넣어야 한다. 1인당 7억 원을 부담해야 하는데 자기가 살고 있는 아파트를 팔고 평생 저축한 돈을 모두 토해내야 할 거다. 그동안 A는 상속을 받아 망한다는 이야기가 그야말로 엄살이라고 생각했을 것이다. 하지만 정말로 상속 때문에 그야말로 망할 수 있다. 상속세에 대한 준비 없이 쉽게 현금화할 수 없는 고액의 재산을 물려받으면, 정말로 망한다.

A는 상속받으면 몇십억 부자가 될 수 있을 거로 기대하고 있

다. 하지만 내가 보기에 이대로 상속받으면 A 가족은 망할 수 있
다. 온 가족이 달려들어 적극적으로 준비해야만 다가올 비극에서
벗어날 수 있으리라.

THE PSYCHOLOGY of BIG MONEY

10

투자 배당이 제대로 이루어지는 게 자본주의의 기본이다

이숙명 작가의 에세이 『발리에서 생긴 일』을 읽다가 재미있는 에피소드를 발견했다. 이 작가는 발리에서 7년 넘게 살고 있다. 같이 발리에 사는 친구들 중에 유럽인들도 많은데, 유럽인들의 투자 행태가 놀랍다는 이야기였다.

유럽인들이 발리에서 사업을 하는데 자기 돈으로 하기보다는 주변 사람들로부터 투자를 받아 사업을 시작한다. 가족이나 친구, 또는 지인이 발리에 놀러 왔다가 사업 설명을 듣고 몇천만 원이상의 돈을 투자하는 경우가 많고, 이 돈을 모아 사업을 한다고 한다. 한국인들 사이에서는 아무리 알던 사이라 하더라도 이런 식으로 간단하게 천만 원 이상의 돈을 투자하는 건 상상하기 힘든 일이다.

그리고 투자금을 받아 사업하는 사람들은 원래 약속한 배당금을 그대로 지불한다. 원금을 언제 돌려준다는 약속이 있으면 그 약속도 철저히 지킨다. 적자가 나면 어쩔 수 없지만, 이익이 나면 약속대로 배당금을 지불한다. 그리고 이런 신용을 바탕으로 사업자는 더 큰돈을 투자받아 더 크게 사업을 늘려나간다. 저자는 주식회사의 발상지인 유럽에서는 이런 식으로 투자하고 사업을 하는 게 일상적인 일인지 궁금해했다.

이런 건 투자자 입장에서 간단히 이루어질 수 있는 게 아니다. 사업자가 투자금을 받으면 다른데 허투루 사용하지 않고 사업에만 사용할 거라는 믿음이 있어야 한다. 그리고 사업에서 이익이 나오면 자기 투자 지분만큼 배당을 확실히 해줄 거라는 신뢰가 있어야 하고, 사업이 망하지 않는 한 투자 원금을 돌려받을 수 있다는 확신도 있어야 한다. 이 작가가 본 유럽인들은 사업자가 구구절절이 자기를 믿어달라고 설득하지 않아도 자연적으로 서로 믿고 신뢰하는 분위기가 있었다.

투자를 결정하는 신뢰는 어디서 오는가

몇 년 전의 일이다. 한국의 한 스타트업 회사에서 투자를 받기 위한 설명회를 준비하고 있었고, 난 그 담당자와 대화할 기회가 있었다. 내가 투자자로서 담당자와 이야기한 건 아니었고, 전부터 알던 사이로 이런저런 잡담을 하는 중이었다.

이 스타트업 회사에 최소 20억 원은 투자할 수 있는 예비 투자자가 있었다. 이 투자자를 설득해서 투자를 받기만 하면 몇 년 간 아무 걱정 없이 회사를 운영할 수 있다. 그런데 이 이야기를 듣다 보니 이상한 점이 있었다. 이 사람은 투자금을 받아 지금 개발하고자 하는 제품을 어떻게 잘 만들 것인지에 대해서는 거의 이야기하지 않았다. 중요한 건 상품 개발과 사업 성공이 아니었다. 투자금을 받으면 앞으로 몇 년간 아무 걱정 없이 살 수 있다는 점이 중요했다.

그때 스타트업 구성원은 2명이었다. 투자금을 받으면 2명 정도 더 채용한다 해도 4명 정도면 된다. 그러면 1년에 4억 원씩 써도 20억 원이면 5년은 충분히 살 수 있다. 법인카드 쓰고, 한 달 몇백만 원 월급 챙기면서 5년은 아무 걱정 없다. 돈을 조금 아껴 쓰면 못해도 7~8년 동안 사장 노릇 하면서 잘 살 수 있다.

투자설명회의 주요 목적은 투자금을 받아 제품을 개발하고 사업을 성공시키는 게 아니었다. 앞으로 5년 이상 아무 걱정 없이 살아갈 수 있는 생활의 안정을 얻느냐 아니냐의 문제였다. 이 사람은 투자금을 받아 사업을 운영한다기보다는 자기 생활비를 버는 게 주된 목적이었다.

투자금을 받았는데 만약 제품 개발을 못 하면? 별 상관없다. 투자금으로 몇 년간 잘 살 수 있으면 된 것이다. 투자자는 사업에 자금을 대는 소중한 사람이 아니었다. 몇 년간 나를 먹여 살려 줄

호구였다.

이 사람이 한국에서 찾아보기 힘든 아주 나쁜 사람이었을까? 그랬으면 좋겠다. 이 사람이 완전히 예외적인 경우이고, 대부분의 투자를 받으려는 사업가들은 공정하고 열정 있는 사람이었으면 좋겠다. 그런데 막상 그렇지 못한 경우를 많이 본다. 투자금을 받아 회사 일에만 사용하는 게 아니라, 자기 본인이 잘 먹고 잘 노는 데 쓰는 경우도 많다. 자기 돈이라면 절대 사용하지 않을 품목에 투자금은 아무 주저 없이 사용한다. 투자금을 공돈으로 생각하고 자기 이익을 위해 쓴다. 이러면 투자자가 돈을 맡기기 힘들다. 아예 모르면 맡길 수 있어도, 최소한 이런 지출 행태를 예상한다면 돈을 줄 수 없다.

투자금을 자기 개인 돈으로 사용하지 않고 사업 용도로만 사용하는 공정한 사업가라 하더라도 문제가 없는 건 아니다. 사업만을 위해서 돈을 쓰기는 하는데, 투자자에게 배당을 해줄 생각은 잘 하지 않는다.

작년에 훌륭한 사업가에게 투자 제안을 받은 적이 있다. 이 사업가는 사업에 진심이었고, 사업을 성공시키기 위해 열심이었다. 투자 제안을 하면서 자기 사업이 얼마나 유망한지, 얼마나 회사가 커나갈 수 있는가를 설명했다. 지금 투자를 하면 그 투자금이 사업 발전에 얼마나 유용하게 사용될 수 있고 사업에 도움이 되는지도 강조했다. 그건 분명히 알겠다. 투자금을 받으면 분명 자기 개인적으로 사용하지 않고 사업에만 사용할 거라는 것도 믿을 수 있었다. 그런데 투자자 입장에서는 한 가지가 빠져 있다. 내 투자금이 회사에 큰 도움이 될 거라는 건 알겠는데, 난 언제 투자금을 돌려받을 수 있나? 또 언제부터, 얼마나 투자에 대한 배당금을 받을 수 있나?

이 사업가는 사업에 대해서는 자세히 이야기하지만, 투자 이익 배당에 대한 이야기는 하지 않는다. 그래서 나중에 물어보았다.

'투자금은 언제 어떻게 회수할 수 있을까요?'

대답은 회사가 잘 되어서 나중에 주식시장에 상장이 되면 주식지분을 비싸게 팔 수 있다는 것이었다. 회사가 돈을 벌어 이익을 나누어 주겠다는 게 아니라, 주식시장에 상장했을 때 지분을 팔아 알아서 이익을 챙기라는 말이다. 회사를 성장시키고 발전시키기 위해 노력을 하고 있다는 건 알겠는데, 투자자들에게 회사 이익을 나누어주겠다는 발상은 없다. 이러면 투자자 입장에서는 이 회사가 상장해야만 투자 이익을 받을 수 있지, 그렇지 못하면 투자금은 그냥 기업에 준 돈이 된다.

일반 사업자들만 이렇게 이익 배분에 신경 안 쓰는 게 아니다. 한국을 대표하는 상장기업들도 별로 다르지 않다. 한국의 상장기업들은 이익 배당률이 적기로 유명하다. 돈을 벌어도 주주들에게 잘 배당하지 않는다. 지금 정부는 한국 주식시장의 밸류 업을 외치며 배당금을 늘리라고 이야기하긴 하지만, 막상 은행 등에서 이익의 많은 부분을 배당금으로 지급하려 하면 뭐라 한다. 배당을 지금보다 조금 더 늘리라는 것일 뿐, 정말로 이익 대부분을 배당으로 주는 건 부정적으로 보는 것이다. 상장회사들도 이러니 보통 기업들은 말할 필요도 없다. 발리에서 조그만 사업을 하는 유럽인들이 이익에 대한 배당을 꼬박꼬박 해준다는 건 한국 입장에서는 정말 놀라운 일이다.

투자가 활발하게 이루어지기 위해서 필요한 건 무얼까? 사업 아이템이 좋아야 하나? 사업가의 사업 능력이 출중해야 하나? 물론 그런 것도 있어야 할 거다. 하지만 보다 중요한 것은 사업가가 투자금을 받으면 다른 데 쓰지 않고 사업을 위해서만 사용할 거라는 믿음이다. 특히 자기 개인적인 이익을 위해 투자금을 유용하지 않고 꼭 사업에 필요한 사항에 대해서만 지출할 거라는 믿음, 그리고 이익이 나면 그 이익을 정당하게 배분해 줄 거라는 신뢰이다. 이런 믿음은 단순히 사업자가 이익을 잘 배당하겠다고 계약서를 철저히 쓴다고 해서 생기는 건 아니다. 사업자가 정당하게 배당금을 지급하지 않을 수 있는 방법은 굉장히 많다. 이익을 최대한으로 줄이는 방법으로 배당을 적게 해줄 수도 있고, 사업 확장에 돈이 필요하다는 이유로 배당을 안 할 수도 있다. 이익이 생길 때 배당을 제대로 하는 건, 사업자가 이건 아주 당연한 일이라고 스스로 생각하고 있어야 한다. 투자자와 투자금은 굉장히 소중한 존재들이라고 생각하고, 이들의 믿음을 배신하지 않겠다는 깊은 도덕성이 있어야 하는 일이다. 이런 사고가 박혀 있어야 진정한 자본주의이다. 이런 도덕성 없이 투자자의 돈을 받아 내 맘대로 쓰려는 데만 초점을 두면 천민자본주의, 자본주의의 탈을 쓴 사기 약

탈극이 된다.

한국에서는 다른 사람의 사업에 대한 투자가 일상적이 아니라 아주 특별한 일이다. 사업과 투자에 대한 신뢰가 작아서 발생하는 문제이다. 쉽게 상대를 믿고 투자하고 배당이 이루어지는 서구 사회의 신뢰 시스템이 부러워진다.

Dom 037

돈은 우리 삶을 어떻게 바꾸는가:

최성락의 돈의 심리 세 번째 이야기

초판 1쇄 인쇄 ｜ 2026년 1월 9일
초판 1쇄 발행 ｜ 2026년 1월 16일

지은이 최성락
펴낸이 최만규
펴낸곳 월요일의 꿈
출판등록 제25100-2020-000035호
연락처 010-3061-4655
이메일 dom@mondaydream.co.kr

ISBN 979-11-92044-63-7 (03300)
ⓒ 최성락, 2026

'월요일의꿈'은 일상에 지쳐 마음의 여유를 잃은 이들에게 일상의 의미와 희망을 되새기고 싶다는 마음으로 지은 이름입니다. 월요일의꿈의 로고인 '도도한 느림보'는 세상의 속도가 아닌 나만의 속도로 하루하루를 당당하게, 도도하게 살아가는 것도 괜찮다는 뜻을 담았습니다.

"조금 느리면 어떤가요? 나에게 맞는 속도라면, 세상에 작은 행복을 선물하는 방향이라면 그게 일상의 의미이자 행복이 아닐까요?" 이런 마음을 담은 알찬 내용의 원고를 기다리고 있습니다. 기획 의도와 간단한 개요를 연락처와 함께 dom@mondaydream.co.kr로 보내주시기 바랍니다.